AF248059

3988.

LA

TOUTE-PUISSANCE SPIRITUELLE,

ET L'IMPUISSANCE POLITIQUE

Du Clergé.

PUBLICATIONS CORRESPONDANTES :

—

Manifeste de l'Église Romaine

Dans le Monde Politique,

ou

L'Eglise Romaine encore inconnue.

*Ut Manifestem illud ita ut opportet me Loqui.
In sapientiâ ambulate ad Eos qui foris sunt (les
Dissidens), tempus redimentes. Ad Colos., iv.*

Magnifique et fort Vol. in-4°, avec des Notes compactes, équivalant à plus de 10 Volumes ordinaires.
Prix : pour les Gens du monde, 15 fr., et pour les Ecclésiastiques, 10 fr. seulement.

C'est la plus grande Exposition existante de Théologie, de Philosophie, de Droit des Gens, de Droit
public et Canonique, d'Histoire Civile et Ecclésiastique, élevée à la Hauteur de l'Epoque ; — en particulier sur la Révolution Française et l'Empire, la Restauration de la Maison de Bourbon et l'Avénement de
la Maison d'Orléans. — On y considère la Généralité du Clergé, de l'Aristocratie et des Gouvernemens,
dans toute la Chrétienté, comme les Causes premières, mais aussi comme les premières Victimes de tous
les Troubles de la Société. — On y voit et apprécie de haut, d'une façon nouvelle, et cette fois péremptoi-
rement, les Nations et les Puissances, les Papes et les Rois, les Ordres Religieux et l'Université, les Doc-
trines Ultramontaines et les Gallicanes ; — et *tous* les Hommes plus ou moins influens de l'Époque où
nous vivons.

C'est encore le Premier Traité de la Justice, même Temporelle de Dieu, sur les Nations en général, et
sur le Haut Personnel des Deux Puissances qui représentent les Nations.

On publie, à part, et en formats divers, à l'usage du plus grand nombre, au prix de 2 fr. seulement
chacun, plusieurs importans *Traités* de cette OEuvre Encyclopédique sans exemple :

De l'Impuissance du Parti Légitimiste, opposée à l'Intelligence naturelle d'une Monarchie qu'il a
faite par ses fautes, et qui lui tend la main, et d'une République qui ne veut point de la sienne ; avec
une *Dédicace* au Comte de Chambord sur sa *Notification aux Rois.*

C'est l'Historique complet du Parti *royaliste,* de son Comité, et de sa Presse.

Solution Démonstrative et Constitutionnelle des Grandes Questions qui agitent la France, aux noms
des *Jésuites* et de l'*Université,* de l'*Ultramontanisme* et de la *Révolution.* — *Défi Logique* porté, en présence des Chambres, à M. le Comte de Montalembert.

Traité de la Sainteté du Serment, contre la Doctrine du Parjure.—Le *Livre des Députés,* des *Electours,*
des *Fonctionnaires,* et de toutes les *Familles* de France. Beau vol. in-12, prix : 3 fr. 50 c., pour une *OEuvre-
Pie.*

C'est aussi une Histoire universelle de la Fidélité religieuse ou politique, et une Défense nouvelle de
toute la Religion.

IMPRIMERIE DE HAUQUELIN ET BAUTRUCHE,
RUE DE LA HARPE, 90.

TRAITÉ

DE

La Toute-Puissance Spirituelle

ET DE L'IMPUISSANCE POLITIQUE

DU CLERGÉ DE FRANCE;

ET, PAR CONSÉQUENT, DE SA SOLIDARITÉ, ET DE SA RESPONSABILITÉ,
MÊME TEMPORELLES.

Mot unique de la Situation Religieuse du Pays.

PAR

l'Auteur du Prêtre devant le Siècle.

Notum est, et omnium ore celebratum illud Ecclesiastici : *Qualis Rector est Civitatis, tales et inhabitantes in eâ....* Et Deus per Ezechiel de Sacerdotibus dicit : *à Sanctuario meo incipite.* (LE CARDINAL BELLARMIN, *de Gemit. Columb.*)

(NOTE développée et démontrée par le *Manifeste de l'Église Romaine dans le Monde politique.*)

PARIS,

E. HAUQUELIN, ÉDITEUR, RUE DE LA HARPE, 90.
HIVERT, LIBRAIRE, QUAI DES GRANDS-AUGUSTINS, N° 55.
WAILLE et Cⁱᵉ, rue Cassette, N° 6.
ET CHEZ TOUS LES MARCHANDS DE NOUVEAUTÉS.

1845
1844

« Les Hommes Politiques doivent être dans une *maison de verre.* » (Paroles orales de M. *l'Abbé* de Genoude, aux Électeurs de Savenay, *Septembre 1844*).

M. *l'Abbé* de Genoude, visible de cette façon, a été *percé d'outre en outre.*

AVERTISSEMENS

Aux 40,000 Ecclésiastiques;

ET A TOUS LES ORDRES RELIGIEUX DE FRANCE.

La plus grande Faute que puisse commettre un Fidèle, et par conséquent et surtout un Ecclésiastique, ce n'est pas le Crime, la Corruption même proprement dits, mais bien l'Erreur dans la Doctrine et la Négligence dans la Vie : car c'est cela même qui se glisse, qui s'inocule, et qui se dévore de bonne foi.

Et voilà pourquoi l'Esprit-Saint condamne si incessamment les négligences, l'oisiveté, les plaisirs, les récréations même du monde ou dans le monde. — Il en montre aussi les conséquences. C'est une promenade *innocente* (*Deambularet*, II. ROIS XI, 2.) qui rendit si *criminel*, deux fois, David lui-même.—Le Sage de l'*Ecclésiastique* voit toutes les sortes de mal sortir à flots du simple loisir : *Multam enim* malitiam docuit otiositas. — Et c'est à ses Disciples surtout que le Sauveur dit : Celui qui est infidèle dans le menu est inique dans le grand : Et qui *in modico* iniquus est, *et in majori iniquus est.* LUC, XVI, 10. Il les met en garde contre le défaut de zèle, dans la Parabole de l'*Ivraie,* dans celle des *Vierges folles,* et surtout dans sa Passion.... du jardin des Olives, lorsqu'il leur dit : *Sic non potuistis unâ horâ vigilare mecum?* MATTH, XXVI, 40.

L'Eglise, plus inspirée encore du Saint-Esprit, ne voit et ne permet de Repos que dans le travail, selon cette magnifique parole, inaperçue, dans l'Hymne de la Pentecôte : *In Labore Requies,* que l'Evêque de Versailles a prise pour obligatoire et magnifique *Devise.*

Aussi met-elle tous les jours, dans la bouche du Prêtre le plus zélé, ces paroles terribles de la Messe : *Sancte Pater...* Ego Indignus offero tibi Deo meo vivo et vero, *pro innumerabilibus peccatis, et offensionibus, et negligentiis meis...*

Et, en fait d'Erreurs du Prêtre, l'erreur *politique* est encore, en un sens, plus terrible pour les autres et pour lui, que l'erreur religieuse; car elle est plus visible, plus remarquée par le monde, et par conséquent plus choquante pour le monde, plus attaquée par le monde, et, en même temps, plus soutenue par le Prêtre lui-même.

Aujourd'hui, c'est bien autre chose!...

L'erreur, et même la passion *politiques,* sont presque honorées !

*

Les crimes aussi, dans le clergé, sont *rares*, la corruption proprement dite surtout y est impossible ;... loin d'opérer même dans le Clergé, ils le révoltent, et lui sont même comme utiles.

Les erreurs et les négligences, au contraire, sont communes dans le Clergé.

Aussi voyez ! il compte un rare *Lamennais*, un *Châtel*, un *Strauss*, plus rares, plus *monstrueux* encore ; et, par milliers peut-être, des hommes qui se font, par exemple, une conscience de l'horreur pour l'Université, à laquelle ils appliqueraient volontiers les si remarquables paroles de saint Jacques, que j'appliquerais, avant tout, à certains *Séminaires* :... *Universitas Iniquitatis... inflammat rotam Nativitatis nostræ.*

Et l'abbé... *Thions*, le pauvre et hardi *Curé* de Chanes, qui a *remontré* supérieurement son *Evêque* d'Autun, neveu du grand Canoniste d'*Héricourt*..., s'est trouvé tout seul...; et encore, c'est Lamartine qui a *pris la plume*, et le Curé a *signé* seulement.

Vos imprudens défenseurs religieux (les gens de l'*Univers*), vos défenseurs politiques eux-mêmes (les hommes de la *Quotidienne*, Directeurs obligés des autres), ne craignent pas de dire tous les jours leurs paroles, ainsi formulées dans leur journal du 27 *Juillet* 1844 : «... L'Eglise de France, depuis 1830, comptait des *Aspirans* à l'Episcopat, sous le patronage des Préfets. Elle voyait des Evêques se ranger, par leurs actes, au nombre des *Fonctionnaires*.

« Une circonstance providentielle est venue changer cette Situation.

« Chaque Prêtre s'est dit : « C'est *par moi* que les rois règnent. » Il a dit aussi : « C'est *par moi* que les législateurs font les lois justes... »

« Si les citoyens honnêtes ne sont *pas les amis* du pouvoir, ce ne sera pas la faute des *Prêtres*, mais la sienne. »

Un autre de vos organes, plus ancien, plus instruit, plus convaincu, plus persévérant, M. l'*abbé* de Genoude, en sa qualité de Prêtre et de Traducteur de l'Ecriture Sainte, fait mille fois plus de mal à la Religion Catholique et à l'Eglise Romaine, par sa seule Opinion audacieuse et incessante contre la Foi du Serment, et par son appel aux *Assemblées Primaires*... Fénéloniennes, qu'il ne lui fait de bien par son *Gallicanisme* Bossuétique. Il crie chaque soir..., que « La France et l'Eglise ne seront jamais Sauvées que par la réforme électorale, l'assemblée de la Grande Nation, et le Concile National de l'Eglise. —Oubliant, à la fois, ce texte d'Isaïe, ISAÏ. XXV, 24, qui lui semblait *prédestiné :* Quia mihi curvabitur omne Genu , et *Jurabit omnis lingua;* — et le chapitre tout entier (le 38ᵉ) de l'*Ecclésiastique*, traduit pourtant et commenté par lui, lequel exclut, même du *Jury*, les *Masses* laborieuses, qu'il appelle, lui, à la discussion, et des lois, et des rois, et des prêtres, sur les places publiques : *Super sellam Judicis non sedebunt;* — et la défense de saint Paul aux simples Disciples de se mêler aux affaires du siècle : *Nemo militans Deo, implicat se negotiis secularibus.*

Et vous n'avez pas craint, vous-même, Evêque de Langres, d'irriter l'immense majorité de la France, de l'irriter principalement contre l'Episcopat et contre l'Eglise Romaine toute entière, en apostrophant ses représentans les plus fiers, sous la qualification nominale d'*Ennemis de l'Eglise de Dieu !*... et de conclure avec l'*Univers*,... c'est-à-dire tout seul :... « NOUS AVONS DONC GAGNÉ !... »

Et vous n'avez pas craint, vous, Evêque de Chartres, d'écrire de Chartres, à la date du 26 *Juillet* 1844 : « L'*éclectisme*, se flattant d'entraîner à sa suite *Jésus - Christ vaincu*, s'applaudit et triomphe. A-t-on jamais vu *UN PEUPLE* qui, par une voie aussi perfide et *aussi sûre*, préparât la ruine de ses autels, *chassât son Dieu* et même toute divinité de son sein? *Où est la Charte?* Où est la liberté de conscience? Où est *la raison?* Où est le sentiment de l'avenir le plus palpable et le plus *effrayant?* Une partie du moins de notre nation n'est-elle plus qu'*un peuple d'enfans ivres* d'un orgueil et d'un athéisme précoce, qui vont se jeter tête baissée dans des abîmes qu'ils voient, qu'ils touchent, qui doivent les engloutir? »

« Où est la *Charte?* » — Vous devez le savoir, c'est un des vôtres, l'*abbé* Montesquiou, qui l'a faite, et qui l'a faite (sans le savoir, ou en le sachant) contre vous, et contre lui.

Elle ne blesse, après tout, que vos passions de liberté, et, sous ce rapport, je suis, et vous devriez être, *Constitutionnel.*

« Un *Peuple* d'enfans ivres d'un athéisme précoce, etc.? »

Il y a plus de trois mille ans que le premier des quatre Grands Prophètes, le Prophète Isaïe, vous répond, vous crie : « Le Peuple, c'est Vous, Prêtre, vous surtout Evêque, Vous, qui l'avez Fait : SICUT POPULUS, SIC SACERDOS.

Malheureux *Clausel!* c'est de vous aussi qu'il est écrit, et que le Sauveur disait sur la Montagne : « Ils voient un fétu dans l'œil de leurs frères, et ne voient pas la *Poutre* dans le leur : *Quid vides festucam in oculo fratris tui : et trabem in oculo tuo non vides?* MATTH., VII, 3. — Le *Fétu?*... c'est l'*Université.* — La *Poutre?* c'est votre *imprudence à batailler* dans les journaux, *avec et contre...* des enfans, à *exciter* les uns, à *irriter* les autres ; — à relever l'*Idéologie* de nos Cousins... *Germains*, qui n'a pas même de *cheveux* par où la prendre : — au lieu de savoir parler, de savoir écrire, ou de savoir répandre et illustrer telle *Philosophie*, telle *Démonstration Catholique*, qui vous ferait, au lieu d'ennemis et de journalistes *à vos trousses*, des disciples, d'autant plus zélés et utiles, qu'ils seraient vôtres, et nouveaux ; — à vous *battre* enfin contre des *Moulins à vent*, au lieu de le faire contre vos passions de *prélature*, et votre enseignement-*borne* des sciences profanes, jusque dans vos Séminaires !!!

Voyez les conséquences ! c'est à propos d'*une paille...* l'*incendie*;... et M. Quinet, soutenu par la moitié de la France, prouvée par le *Siècle*, ne propose rien moins que le *Schisme*, et mieux que le schisme, le remplacement de l'Eglise Romaine par... la Révolution.

Nous avons prouvé ailleurs, aux hommes de la *Quotidienne*, qu'ils étaient les premières causes politiques ou secondaires de l'*inimitié* du Pouvoir, qui s'est répandue et comme intronisée dans la société. Nous allons prouver, même ici, et à plus forte raison dans le grand *Manifeste*, nous ne dirons pas *aux Prêtres*, comme les nomme, sans tact aucun, M. de Locmaria, mais au Clergé : I. qu'il est, lui, la cause première de cette *inimitié*; qu'il est surtout la cause première, et même exclusive, de la défiance, et même de l'inimitié que le Monde, en général, porte à l'Eglise de Dieu ; II. et que, s'il continuait (Quod omen *Dî avertant!*) de *guerroyer*, au lieu de *militer* et de souffrir, une année seulement, il dirait, comme des Evêques ont dit cette année dans des *Mandemens*, plus infaillibles, ceux-là, que des *articles* : « NOUS SOMMES DONC PERDUS ! »

Mais vous ne continuerez pas, vous allez cesser ; et voici, j'ose le dire, dans ces feuilles, pourquoi....

Ce que nous voulons, c'est faire sentir au Prêtre, quel qu'il soit, ce que le plus illustre Prêtre et le plus illustre Jésuite du siècle de Louis XIV, La Chétardie et le Cardinal Bellarmin, semblent avoir consacré leur génie à prouver, et leur vie à montrer, à démontrer en action, que leur grand devoir à tous, celui dont tous les autres dépendent, est la sortie du monde, la rentrée, la *Retraite* dans le sanctuaire, pour agir sur le monde, et pour le monde... —Mais c'est dans les deux Traités de *la Retraite*, de La Chétardie, et dans le *De Gemitu Columbœ*, de Bellarmin, et son chef-d'œuvre (surtout dans les chapitres : de *Reformatione Cleri; de Reformatione Regularium; de Emendatione Morum in populis*), qu'il faut voir le développement, on peut le dire, sublime, du mot de saint Pierre Chrysologue, qui, seul, est le secret de la toute-puissance spirituelle du Clergé : *Cùm mundus abest, Deus adest.* « C'est une chose digne de réflexion, dit l'illustre La Chétardie, que le Sacerdoce, destiné à la sanctification du monde, ne se donne et ne se reçoive jamais plus heureusement que hors du monde.» Cette grande vérité, que le Prêtre habile prend pour texte de son ouvrage, et qu'il développe, est encore plus vraie de la retraite politique du Clergé que de ses retraites ecclésiastiques. Et, pour en faire sentir toute la portée, La Chétardie rappelle la pensée connue de saint Chrysostôme : « Les laïques se corrigent aisément, mais les Ecclésiastiques, s'ils se laissent aller une fois au déréglement, n'en reviennent presque plus : *Laïci delinquentes facilè emendantur ; Clerici autem, si mali fuerint, inemendabiles sunt.* — Et au chapitre, du *Fruit de l'Ordination :* Les Prêtres, par le mépris qu'ils font des lois de l'Eglise, se rendent eux-mêmes méprisables.... Les gens de la moindre qualité les mettent souvent à manger avec leurs valets ! C'est que presque personne n'a d'estime pour le caractère sacerdotal. — Et, je ne sais où l'on trouverait quelqu'un qui voulût recevoir le sacerdoce, s'il n'y avait aucun bien temporel, ni aucun honneur humain attaché au sacerdoce. »

Quoi qu'il en soit, et c'est ce qu'il ne faut oublier jamais, les plus grandes erreurs, les fautes les plus graves, les corruptions même les plus avérées et les plus grandes du Prêtre, de l'Evêque, je dirai même des Papes, n'*excuseraient* jamais les plus petites du Fidèle ou même du Dissident vis-à-vis du Prêtre.

Elles les *expliquent* seulement.

Dieu (ou Dieu n'existerait pas) Dieu a voulu, et il a dû vouloir, et il a fait que toutes les fautes ne blessassent que Lui ; et voilà pourquoi celles du Prêtre et du Fidèle de Dieu sont si grandes, et si grosses de leur châtiment. Et pourquoi David lui-même, qui avait fait tant de mal en apparence à la famille d'Urie notamment, n'en dit que mieux, dans le plus sublime de ses Chants : « Mon Péché est contre Moi (exclusivement) toujours ; et je n'ai manqué, ô mon Dieu, qu'à Vous Seul : *Et Peccatum meum contra Me est semper*. Tibi SOLI *peccavi*.

𝔄 l'abbé de 𝔊enoude

PLUS PARTICULIÈREMENT.

> *Soluta Genua , erigite.* Et gressus rectos facite pedibus vestris : ut non claudicans quis erret , magis autem sanetur... *Videte ne recusetis loquentem... de Cœlis.* AD HEBR., XII, 12, 13 et 25.

M. l'abbé de Genoude, à beaucoup d'égards, représente le Clergé, et aussi la noblesse, secondaires, et même les Hauts. Né le 13 *Février* de la plus terrible année de la Révolution, il a été fait Noble par Louis XVIII, au mois de *Juillet* 1821; et *Prêtre*, sans études au Séminaire, par Mgr de Quélen, au mois de *Mai* 1835. — Ses Travaux et ses Journaux politiques sont, encore aujourd'hui, les moteurs de ceux du Clergé et des Laïques, et de ceux-là même qui semblent ses adversaires.

C'est à lui que l'abbé de Lamennais doit le commencement de sa renommée philosophique ; M. de Châteaubriand, la prolongation de son importance politique ; M. de Lamartine, la révélation de son génie poétique.

C'est à lui que les Hommes avancés du peuple, MM. Laffitte, Arago, etc., reconnaissans, doivent leur crédit apparent dans le parti absolutiste.

C'est même à lui que le *Parti* légitimiste doit, et reconnaît devoir, la plus grande partie de son ancienne, et même de sa nouvelle importance. Sa qualité de Prêtre a même *paru*, et elle a été, en conséquence, pour lui, le moyen de la solidarité ou du rapprochement des deux fractions, l'une civile et l'autre cléricale, du parti , naturellement divisées.

Et l'influence religieuse et même politique de la *Gazette* et des publications directes ou indirectes de M. de Genoude, a même été d'autant plus grande, qu'elle était plus embarrassante pour le Clergé, ou plus irritante contre lui... On a vu, l'année dernière, un grand Evêque, qui se contentait d'en gémir dans le silence, continuer de la recevoir, en tenir une feuille, bien portant, et la sentir tomber, de ses défaillantes mains, pour paraître devant le Dieu *Terrible* aux Evêques, encore plus qu'*aux rois*; comme «les Riches et les Avares dorment leur sommeil sans fin, ne trouvant plus rien de leur or en leurs mains vides : *Dormierunt somnum suum : et nihil inveuerunt omnes viri divitiarum in manibus suis... Dominus terribilis, et ei qui aufert spiritum. Principum, Terribilis apud Reges Terræ.* PS. LXXV, 6, 13.

M. l'abbé de Genoude, que nous avons vu de très-près, et longtems, est doué précisément des plus grandes qualités, qui constituent les défauts les plus terribles, pour soi et pour les autres : le goût de l'étude et du travail, porté jusqu'à l'amour ; la foi religieuse, portée jusqu'au fanatisme politique ; la constance d'opinions, portée jusqu'à l'*Idée Fixe.*

Sa persévérance, fondée sur une foi, et même sur une bonne foi sans limites (les seules terribles, selon le Sage, traduit par l'abbé de Genoude : *Est via quæ videtur homini justa ; novissima autem ejus deducunt ad mortem*), est presqu'aussi supérieure aux obstacles, et même aux dédains, que les dédains de M. Guizot le sont aux haines publiques.

Et M. l'abbé de Genoude a dit, et il croit plus que tout au monde, autant qu'à Dieu, il réalise, autant qu'il peut, tous les jours, une chose aussi sotte, qu'elle est horrible : « Les décisions du Clergé, très-bonnes pour savoir ce qui est *Péché* ou ne l'est pas, ne peuvent s'étendre à la Politique... »

Mais afin qu'on nous croie sur tous ces points, nous n'avons qu'à laisser parler, *ex abundantiâ cordis*, le témoin, et nous le dirons, l'autorité la plus irrécusable, celle de l'Ecclésiastique le plus intelligent, le plus influent peut-être, et le plus digne de toutes les sortes de confiance du faubourg Saint-Germain. Il est l'ami intime de M. le duc d'Escars. Et il lui écrivait, de Paris, à Londres, à la fin de 1843, et au commencement de 1844, durant une Visite sur terre à l'Angleterre, plus humiliante pour la France que celle que la France reçoit sur mer de l'Angleterre :

« Je sors de chez le *Génie* (c'est sous ce nom que ces Messieurs se moquent de M. de Châteaubriand, en cherchant à en *exploiter* les derniers souffles...) Nous avons le plus grand besoin de l'appui de *Madame de Chat* (sic). Elle est persuadée que son mari doit toute sa réputation à ses conseils ; et de là jugez combien... *un petit cadeau* apporté par Madame la Duchesse de Lévis, qui s'acquitte si bien de toutes les commissions qu'on lui donne, nous ferait du bien. Nous fixerions l'inconstance de notre homme.... »

Mais l'abbé Serres, qui n'attache qu'un fort petit intérêt au *Génie*, en attache un immense à la *Gazette*, et il regarde comme *prodigieux* le *succès* qu'il a obtenu dans sa mission à elle :.... « D'abord M. de Lourdoueix m'a tenu un langage plein de générosité, de noblesse et d'élévation. Toutefois la blessure de son cœur est vive et profonde. Quelle sévérité à notre égard ! me disait-il, quelle sévérité ! pour ne rien dire de plus. Après tant de sacrifices, de persécutions, se voir traiter en ennemis par celui de qui nous attendions *notre récompense !* Une seule parole de sa part eût suffi pour me faire omber à ses genoux. Ce n'est pas ainsi qu'*Henri IV* traitait *Sully.* Toutefois rien ne sera capable de changer nos sentimens ni d'affaiblir notre dévouement. » Et tout en disant cela, *je voyais briller dans ses yeux de grosses larmes.*

« Genoude m'a manifesté les mêmes sentimens, la même fidélité, et peut-être quelque chose de plus fervent, de plus énergique dans l'expression de son zèle et du courage qu'il déploie pour le service de *son roi*; mais j'ai aussi trouvé au fond de son cœur un profond sentiment de tristesse et de douleur. « Il y a *treize ans*, disait-il, que je consacre mon tems, mes veilles, ma santé, ma fortune, la fortune de mes enfans, mon repos et *ma vie* au service de mon roi légitime, et je le ferai toujours avec la même fidélité et le même dévouement... » Je demande si des hommes pareils doivent être négligés... S'ils ont fait des fautes, ils les reconnaissent noblement et ils les réparent généreusement. Ces cœurs sont trop grands et trop généreux pour ne pas mériter une juste et noble consolation. C'est d'ailleurs *un fait avéré que de tous les organes de nos principes* leur journal est celui qui a *le plus de vie, de force, de vigueur*, et qui *tourmente* le plus les conservateurs de l'usurpation; et depuis la nouvelle marche qu'il a prise, les royalistes qui l'avaient abandonné sont revenus à lui.

« Maintenant que l'union est établie parmi les organes royalistes, il faut tout employer pour la maintenir, la fortifier et la consolider *à jamais*. Cette union est *notre force et notre unique ressource contre un ennemi fin, rusé*, pour qui tous les moyens sont bons, et qui, pour se soutenir, a quatre cent mille hommes et 1,500 millions. *La plus petite division* (qu'est-ce qu'un parti dont *la plus petite division*, et le seul caprice d'un ou deux journalistes, a de telles conséquences?), après ce qui vient de se passer à Londres, serait *un coup mortel* dont nous ne nous relèverions *jamais*. Le drapeau a paru, les amis se sont ralliés autour de lui; il *ne reste plus qu'à appeler à nous les mécontens qui couvrent le France entière*, et notre union ferme, offrant un appui solide et un avenir, les ramènera tous sans difficulté. A qui est-il donné d'opérer *ce prodige*, sinon au prince qui vient de se montrer à l'Europe entière, à la France en particulier, rempli de si hautes qualités, d'une sagesse et d'une intelligence si rares? Quel malheur s'il arrivait qu'*un succès si prodigieux* vînt à être compromis! et cependant ce malheur est possible, très-possible : *Quod Deus avertat!...* »

... Tout cela, il faut l'avouer, est plaisant, mais aussi effroyable... Un Prêtre disant, écrivant, et entendant dire, et voyant publier, et ne reniant pas sa Proposition : «*Il ne reste plus qu'à appeler à nous les mécontens qui couvrent la France entière...* »
... n'est, ni plus ni moins, que le contraire d'un Prêtre, c'est-à-dire un *Apostat...*

Et le pire des apostats : le consciencieux; celui qui dit la Messe, et Confesse, tous les jours, au beau milieu de Paris.

Or, écoutez, Prêtres et *Royalistes*, écoutez votre double condamnation, non par moi, mais par la plus grande Autorité qui puisse exister à vos propres yeux, Celle de Dieu, Supérieurement exprimée par un Théologien que l'Eglise vient de canoniser, Liguori : « *Audite hoc, Sacerdotes... et Domus Regis, auscultate : quia vobis Judicium est, quoniam laqueus facti estis...* OSÉE, V, 1. «Les Prêtres, dit saint Eucher, par la force que leur donne la sainteté, deviennent les Soutiens du monde : *Hi onus Totius Orbis portant humeris sanctitatis*. Le prêtre, en sa qualité de Médiateur, est chargé de maintenir la Paix entre Dieu et les hommes : *Mediatoris Officium est conjungere eos inter quos est Mediator* (S. THOM.). Mais il faut qu'un médiateur ne soit pas *un objet de haine*, autrement il ne fera qu'*irriter les esprits* davantage : *Cùm is qui displicet ad intercedendum mittitur, irati animus ad deteriora provocatur* (S. GREGOR., *Pastor.* p. 1). Car, ajoute le [même saint : *Oportet munda sit manus quæ diluere aliorum sordes curat.* Donc, dit saint Bernard, le Prêtre doit, avant de s'occuper de la conscience des autres, travailler à purifier la sienne : *Rectus ordo postulat ut priùs propriam, deindè alienas curare studeat conscientias.* Donnez-moi *dix Prêtres*, vraiment animés de l'Esprit de Dieu, disait saint Philippe de Néri, et *je Réponds de la Conversion du Monde.* Que n'a pas fait, en Orient, un saint François Xavier? Seul, il convertit à la Foi du Christ des Millions d'infidèles. Que n'ont pas fait en Europe, un saint Patrice, un saint Vincent Ferrier? Un Prêtre d'une érudition médiocre, *mais enflammé d'un ardent amour de Dieu*, opérera plus de conversions que cent prêtres d'*une profonde doctrine*, mais dépourvus de l'esprit de Dieu....

« On voit des Prêtres qui s'appliquent à l'étude d'*une foule de choses inutiles*, et qui négligent celles qui peuvent contribuer au salut des âmes : une telle conduite est contraire à la simple justice, dit saint Prosper : *Contrà justitiam faciunt, qui otiosum studium fructuosæ utilitati regendæ multitudinis anteponunt.*

« *Les Païens eux-mêmes* disaient que les prêtres ne devaient s'occuper que des choses divines; aussi leur interdisaient-ils l'entrée à *toutes* les charges de l'Etat (et, encore mieux sans doute de la *Représentation* nationale, où il suffit de l'*orgueil* pour forcer, même un *fainéant*, à travailler, même les nuits, toute l'année), afin qu'ils fussent *entièrement* livrés au culte de leurs Dieux. Moïse, envoyé de Dieu, qui l'avait spécialement chargé de son culte et de sa gloire, s'occupait à des *questions litigieuses* (que n'eût pas dit Jéthro des *Questions Politiques*, et surtout des questions insurrectionnelles ?); Jéthro l'en reprit, et lui dit : *Stulto labore consumeris... Esto tu populo in his quæ ad Deum pertinent* (EXOD., XVIII, 18, 19). « Avant votre élévation au Sacerdoce, dit saint Athanase, vous pouviez embrasser le genre de vie qui vous plaisait davantage; mais maintenant vous ne devez vous livrer qu'aux fonctions de votre ministère : *Id scire oportet, te priusquàm ordinaberis, tibi vixisse ; ordinatum autem, illis quibus ordinatus es.* Et quels sont les devoirs de ces fonctions? L'un des plus essentiels est de travailler au salut des âmes (la Confession, etc., la Prédication en Chaire, etc., que votre Archevêque vous a ôtées !), comme nous l'avons démontré, et comme le confirment ces paroles de saint Prosper : *Sacerdotibus propriè animarum sollicitudo commissa est....*

« *C'est une marque éclatante de Prédestination des Laïques, que le bonheur de travailler à la conversion des pécheurs.* Ainsi le déclarait l'Apôtre, lorsqu'en parlant de ceux qui le secondaient dans la conversion des peuples, il écrivait : *Etiam rogo et te, germane compar, adjuva illos qui mecum laboraverunt in Evangelio cum Clemente et cæteris adjutoribus meis quorum Nomina sunt in Libro Vitæ* (PHILIP., IV, 3).

« Les Laïques ne rendront compte chacun que de ses péchés; mais le Prêtre répondra des Péchés de Tous : *Unusquisque pro suo peccato reddet rationem, Sacerdotes pro omnium peccatis* (AUCT., *Oper. Imperf. Homin.*, 38 in *Matth.*) L'Apôtre avait dit aussi : *Ipsi enim pervigilant quasi rationem pro animabus vestris reddituri* (HEBR. XIII, 17). »

SAINT LIGUORI.

LA

TOUTE-PUISSANCE SPIRITUELLE

Et l'Impuissance Politique

DU CLERGÉ.

> Itaque quicumque manducaverit panem unch,
> vel biberit calicem Domini indignè, *Reus erit Cor-*
> *poris et Sanguinis Domini.* Probet autem seipsum
> homo, et sic de pane illo edat et de calice bibat.
> Qui enim manducat et bibit indignè, *judicium*
> *sibi manducat et bibit,* non dijudicans corpus
> Domini. (Saint-Paul, *Ad Corinth.*, *Office de la*
> *Fête-Dieu.*)

C'est au Prêtre, c'est à l'Évêque, c'est au Cardinal, c'est au Souverain Pontife, avant tout et partout, que ce grand *Reus Corporis et Sanguinis Domini* s'applique; — c'est ensuite aux Fidèles, à ceux qui pratiquent la Communion, apparemment.

Il n'est pas même dit précisément (et pour cause peut-être), que la Malédiction, que la Condamnation, que la Damnation frappent ici sur les *incrédules*!

Et qu'on ne pense pas que je le dise (puisque Isaïe, Jérémie, l'Esprit-Saint et Dieu apparemment ne l'ont pas dit), pour diminuer le Prêtre et le Clergé. C'est au contraire pour les grandir. Car ils ne sauraient être les causes des Malheurs publics, qu'ils ne soient aussi celles des Prospérités,.... sans excepter celles dont se prévaut même la France actuelle. Et le plus ultramontain, ou le plus gallican de nos jours, ne saurait s'attribuer une infaillibilité spirituelle quelconque, et surtout une prétention temporelle, ne saurait éprouver le plus petit orgueil sacerdotal, qu'il ne sente et qu'il n'avoue tout entier notre système d'attaque contre la généralité du clergé!

Et qu'on ne pense pas non plus que nous sommes les premiers dans l'Église, à reprendre les gens qui font ou laissent faire le mal dans l'Église, et au Nom même de l'Église. Les *Pères* les plus illustres sont pleins de *Philippiques* sacrées, qui souvent retombèrent et même tombèrent sur les personnes même

1

des Papes, dont les *mains* se trouvèrent *liées*, et les *plumes en tombèrent* lorsqu'ils eurent (s'ils l'eurent) la pensée de lancer les Foudres du Vatican contre leurs humbles et Fiers (de *Fides*) adversaires....

Quoi qu'il en soit, les autres parties de notre ouvrage, chacune d'elles même, seule, et surtout la seconde, sur la plus grande Responsabilité du plus grand Pouvoir, ont encore assez préparé, assez fait celle-ci. Il faut le redire, et à jamais : le Prêtre en particulier, le Prêtre seul, est tout-puissant. Le Prêtre multiple, le Clergé, l'Église d'un Etat le sont bien autrement. Ils ont Toute la Puissance ou la Toute-Puissance même de Dieu. Et cela parce qu'ils ont la première et même la seule puissance , la Puissance dominatrice même de la puissance de l'esprit :... La puissance du Don de soi et du Sacrifice.

Le Sauveur, qui l'a dit et l'a montré de toutes les façons, l'a dit surtout en donnant à ses Disciples, à ses Apôtres, à saint Pierre surtout qui représente toute l'Eglise, plus de puissance sur les hommes qu'il n'en avait voulu exercer lui-même.... Et cela dans son Sermon même après la Cène, son vrai Testament : *Qui credit in me, opera quæ Ego facio et Ipse faciat, ET MAJORA*, JEAN, XIV, 12.

Et il l'a fait déclarer à saint Pierre de la façon la plus sublime et la plus pittoresque à la fois. Plus on lit, en saint Luc V, et en saint Jean, XXI, l'Évangile des Pêches miraculeuses, et plus on trouve *miraculeuse* la puissance du Bon *Prêtre*.

Ces *Pêches* sont la *Parabole en Action* par excellence : celle où Dieu appela, éleva jusqu'à lui, et enseigna son humble successeur.

« En ce temps-là, Jésus étant sur le lac de Génésareth (nom *générateur*), et, se trouvant *accablé par la Foule du peuple qui le pressait pour entendre la parole de Dieu* (le peuple le plus mauvais est avide de vérité : *Cum turbæ irruerent in Jesum*, ut audirent Verbum Dei), il vit au bord du lac deux barques *arrêtées*, dont les pêcheurs étaient *descendus*, et *lavaient leurs filets*. Il entra dans l'une de ces barques, qui était à *Simon*, et le pria de s'éloigner *un peu de terre* (c'est-à-dire : de la *terre*, pour se rapprocher du Ciel); et s'étant assis, il enseignait le peuple de dessus la barque. Lorsqu'il eut cessé de parler, il dit à Simon : Avancez *en pleine eau ;* et jetez vos filets pour pêcher. Simon lui répondit : Maître, nous avons travaillé *toute la nuit* sans rien prendre , mais néanmoins *sur votre parole* je jetterai le filet. L'ayant jeté, ils prirent *une si grande quantité de poissons,* que leur filet se rompait. Et ils firent signe à leurs compagnons, qui étaient dans une autre barque, de venir les aider. Ils vinrent, et ils emplirent tellement les deux barques, qu'il s'en fallait peu qu'elles ne coulassent à fond. Ce que Simon-Pierre ayant vu, il se jeta *aux pieds de Jésus*, et lui dit : Seigneur, éloignez-vous de moi, *parce que je suis un pécheur* (*Exi à me*, QUIA HOMO PECCATOR SUM). Et notez que saint Pierre dit cela SEUL, et DE LUI SEUL, sans songer à accuser d'autres que lui. Car il était *épouvanté* (*Stupor* circumdederat eum), lui et tous ceux qui étaient avec lui, de la pêche des poissons qu'ils avaient faite. Jacques et Jean, fils de Zébédée, qui étaient compagnons de Simon, étaient dans le même étonnement. Mais Jésus dit à Simon : *Ne craignez point* (*Noli timere* : Gouvernez, parlez, écrivez, faites écrire *hardiment*), votre emploi sera désormais de prendre des hommes. Et ayant ramené leur barque à bord, ils quittèrent TOUT, et le suivirent. »

Mais remarquez le mot : TOUT. C'est la condition *sine quâ non* : RELICTIS OMNIBUS.

Et l'Église, qui ne se trompe pas plus que Jésus-Christ, place, et pour cause, comme toujours, cet Évangile après la Pentecôte, et donne à son accomplissement la prédiction et la promesse de la Conquête de TOUTES LES NATIONS (.... et de la pauvre *Université* apparemment) : Magna et mirabilia sunt opera tua, Domine. Quis non timebit te, Domine, et magnificabit nomen tuum...? *Omnes gentes venient*, et adorabunt in conspectu tuo.

Et, de prime-abord, la seule *Ombre* de saint Pierre ressuscitait les morts, et sa seule présence ôtait la vie aux parjures (ACT. V.). — Et voilà pourquoi l'Église, comme dit Bayle lui-même « est *la Grande Ensevelisseuse* des Puissances et des vanités du monde », ainsi qu'elle en est l'Aromate, comme Bacon dit.

Or donc, ce n'est jamais le *Peuple*, pas surtout l'Aristocratie et les Rois qui manquent au Prêtre, c'est le Prêtre qui leur manque à tous, et surtout à lui-même. Ils *arrêtent leurs barques*, ils en *descendent*, ils *lavent* leurs *filets*, ils sont paresseux, et peut-être légers ; ils *travaillent la nuit*, c'est-à-dire qu'ils passent des nuits à étudier, au lieu d'être le matin à l'œuvre de Dieu ; et au lieu de dire, comme saint Pierre : Je ne prends rien, *parce que je suis un pécheur*, ne disent-ils pas quelquefois, aux hommes et même aux enfans : *C'est vous qui l'êtes* !

Malheureux Prêtres Parisiens surtout (les pires en tout sont à Paris, comme les meilleurs), Docteurs de la *Loi*, *Scribes*. Pharisiens, vous voulez être *savans* selon le monde, savans dans les sciences *profanes* ; vous voulez même que les autres le soient, et le soient par vous. Aveugles et suicides que vous êtes, vous reconnaîtrez un jour, mais *trop tard*, qu'en croyant mettre des flambeaux à vos mains et à celles des autres, vous y mettez des torches incendiaires, et que le Sauveur et les Apôtres, essentiellement *illettrés*, ont dit qu'ils ne sont venus au monde, et n'y travaillèrent, que pour « détruire la science des sages, et abolir la sagesse des savans : *Perdam sapientiam sapientium, et prudentiam prudentium reprobabo. Ubi sapiens? Ubi scriba* (*)? I, *Cor. I*, 19.

La *sagesse des mots* et de la *science* proprement dite, élude, exclut, crucifie Jésus-Christ ; et saint Paul, le grand *Démonstrateur* du Fils de Dieu (comme saint

---

(*) La magnifique Épître de saint Paul aux *Corinthiens*, d'où ces paroles sont tirées, est le développement de celles d'Isaïe, XXIX, 14 — XXXIII, 6 ; et *Passim.*

Nous les avons choisies pour Épigraphe et pour Objet dans le *Tableau de la Dégéné-*

Pierre en est l'*Opérateur*), dit, au Prêtre surtout, qu'il est venu prêcher *autrement* qu'on ne fait au monde : *Non in sapientiá Verbi, ut non Evacuetur Crux Christi.*—Arrière donc l'*Université !*—Laissez-la, comme l'Académie, comme les Chambres, aux gens du monde, aux *laïques*, aux *Protestans* : Receperunt *Vani Vanam.* — Vous avez le droit d'évangéliser les pères dans les Églises, et les enfans dans les chapelles ; de leur démontrer la *vanité des sciences...* Ne voudriez-vous pas en être complices?...

Et qu'on ne dise pas, et qu'ils ne s'avisent pas de dire eux-mêmes que, par *le temps qui court*, et, ce qu'on a la bonté d'appeler : *le Progrès des lumières*, cette *Puissance*, possible ou facile en d'autres temps et lieux, ne l'est plus ! Elle l'est encore davantage. Dieu n'a pas assigné de termes et d'exceptions à ses Lois. Et s'il en a une plus expresse pour la fin des âges et le temps des révolutions, c'est la *Loi* du Progrès de ses *Grâces* et de sa générosité. — Je n'ai pas besoin d'aller quérir bien loin mes exemples et mes preuves. Tous tant que vous êtes, évêques, curés et même desservans, Pape même, vous étiez aussi petits en 89, et même en 1813, et surtout en 1829, que vous êtes grands en 1844.—Et voilà même pourquoi vous demandez si librement, quelquefois licencieusement, ce que vous appelez *la Liberté* (et ce qui serait le libertinage) de l'éducation.—M. Thiers n'y entendait donc guère, lorsque, dans le *Comité secret* de la question épiscopale et universitaire, il s'est écrié : « Si Charles X vivait, vous donneriez bien des remords à ce prince infortuné, d'avoir osé faire ce que vous trouvez exorbitant aujourd'hui contre le clergé ! Non, je le répète, vous n'osez pas ce que les conseillers de Charles X ont osé lui demander, et *ont eu l'art de lui arracher.* »

Les *Soldats heureux*, les princes infortunés qui font les révolutions ou qui en profitent, vous flattent, vous fortifient même en vous comprimant ou attaquant. Je le crois bien ! Ils sentent, s'ils ne savent, que c'est la Religion et Vous qui, après tout, et quasi exclusivement, les soutenez.

On a vu François de Sales, sans être Saint, allant par ses *Mont-blancs* et ses *Vaux*-abîmes, le jour et la nuit, opérer la Conversion de la Savoie en moins de temps que *l'Armée française* du Directoire n'en mit à la conquérir.

Au 18ᵉ siècle encore, on voyait, on admirait (et les autres prêtres n'admiraient pas !) un Chevassu, curé des Rousses (Jura) pendant près d'un demi-siècle, *François de Sales* au petit pied, conserver sa Paroisse modèle à la porte de Genève;—un Duvernay, curé de Néronde (Forèz), se faire, par surcroît, *Juge de Paix* réel de ses ouailles, longtems avant nos juges *de paix* ; guerroyans comme les autres juges; — un Belloc, curé de Brusque (Aveyron), à la fois Prêtre, juge et médecin, n'ayant rien à lui qui ne fût aux autres ; — et, de nos jours

---

ration de la France, et des moyens de sa Grandeur, et d'une Réforme fondamentale dans la Littérature, la Philosophie, les Lois et le Gouvernement. in-8°, Paris, Aillaud.

encore, entre plusieurs autres , un abbé *Martin* (nous en connaissons plusieurs modèles de ce grand nom *Martial* du sacerdoce chrétien) curé de Marmande, fondateur de la *Miséricorde* même de Bordeaux, admiré par l'admirable comte de Marcellus lui-même ; — un autre Martin, curé de saint Uphrodise à Béziers, qu'il contenait ; — un Nay, curé de Marignane (Basses-Pyrénées), qui, simple paysan, avait appris le latin sans maître, et devint la vertu vivante et souvent héroïque de ces contrées arides; — et ces fondateurs, *Chefs d'Ordres*, illustres dès avant leur mort, Legris-Duval, Fournet, Coudrin, Deshayes, du Jarrié, Vernet (surnommé dans le Midi, le *Pape rouge*), Triest en Belgique, de Buffalo, et même Rosmini dans le Milanais, lesquels ont commencé tous, et plusieurs sont morts, simples curés de campagne, et ont engendré, et engendrent encore, des milliers d'enfans à Dieu dans toute la terre.

Et, dans un ordre plus élevé, et par là même moins sensible : des hommes et même des femmes les plus simples , sortis des plus bas lieux , sans autre *Université* ou *séminaire* que le Christ, sans autre bibliothèque que la *Croix*, sans autre littérature que la Prière, se sont élevés, l'une (la *Sœur de la Nativité*) jusqu'à ravir au troisième ciel le grand Archevêque de Bordeaux (d'Aviau); — une autre (la *Sœur Emmerich*), le prince de Stolberg et le comte de Maistre; — une dernière (*Domenica Lazzari*), Cazalès, si supérieur même en talent à son père (il avoue avoir trouvé en elle sa vocation au Sacerdoce). — Et cette simple *Couturière* (*Jenny Guillarme*), qui, seule, vient de raviver, dans tout Paris, la Foi et les Miracles, oubliés depuis Charlemagne, de la Tunique , sans une couture , si représentative de l'Unité de l'Église. — Et ce pauvre laboureur de Ghausen, Martin *Michel*, qui a donné à l'Eglise et à l'État le Prince de Hohenlohe , et quasi Lavater et l'Empereur Alexandre (*)!!!

(*) Quoi ! Vous ne sauriez, Vous, et Cent mille que Vous êtes, Vous qui avez cent mille Chaires à vos ordres exclusifs, cent mille Confessionnaux tout puissans, et vos entrées libres chez les plus grands du vieux règne et du nouveau; Vous auxquels cent journaux de province et de Paris sont ouverts pour célébrer ce qui est capable de célébrer la religion,... Vous ne sauriez faire peur aux erreurs, pires que les *horreurs* et les crimes, que seules elles engendrent... Et moi, simple Laïque, mais *Fidèle* en tout, partout, toujours, et à tout *prix*, j'ose le dire, j'ai pu mériter du Souverain Pontife lui-même, en tant que Pontife apparemment, des paroles comme celles-ci, sans exemple dans les Brefs. (Celui à La Chétardie lui-même, que Bossuet met au-dessus de Bossuet, relève seulement , ce qui est infiniment plus et moins : *Virtutem et probitatem* de l'homme, *Solidam Doctrinam* de l'écrivain.)

«... Nous félicitant de *Notre Zèle extraordinaire à défendre la Religion et l'Ordre Social* ; — nous exhortant, et puis *nous exhortant de rechef à consacrer au* Bien général notre intelligence et notre doctrine :... *Tria Opera Pergrata nobis fuerunt.* Gratulamur tibi optimam voluntatem tuam, ac *singulare studium tuendæ Religionis et Publicæ Tranquillitatis,* gratique officio in Nos tuo, teque ETIAM ATQUE ETIAM HORTANTES UT PERGAS

Marie de Ratisbonne, inspiré un jour, a fait comme Fonction d'Eglise dans toute l'Eglise.

IN COMMUNE BONUM INGENIUM DOCTRINAMQUE TUAM CONFERRE. » Et cela surtout apparemment, parce que, nous dit-il, *nos argumens sont plus importans et plus susceptibles d'éclat... aujourd'hui qu'à toute autre époque :* «MAJORIS MOMENTI, HISCE PRAESERTIM TEMPORIBUS, SUNT ARGUMENTA ILLA, TUAQUE EORUM CUM PLAUSU EST EXCEPTA TRACTATIO.» — A ce point que j'ai pu dire, moi aussi, comme le Prophète-Roi : *Et PETRA exaltavit me ; et nunc exaltavit Caput meum super inimicos meos.* Gs. XVI.

Et j'ai reçu du plus éloquent, sans contredit, de tous les Évêques de France en 1844, d'un Évêque auquel nous n'avions jamais parlé, une Lettre spontanée, raisonnée, longue, sans exemple dans les *Approbations* Épiscopales, et qu'il a confirmées depuis par des *Lettres* nouvelles, que sa mort a comme rendues *Testament.* Elle est du mois de *Mai.* En voici le commencement : « Je ne puis résister, Monsieur, au besoin de cœur qui me presse de vous exprimer toute ma reconnaissance pour l'indicible bonheur que m'ont causé les *Magnificences de Marie.* J'ai lu ce délicieux Livre sans désemparer ; il m'eût été impossible d'en interrompre la lecture. Il y a tant de foi et tant de piété filiale dans ces récits ! J'aurais voulu le faire lire au Grand Séminaire, mais je crains que l'oreille ne puisse tout saisir. Il faut toute l'attention des yeux, jointe à celle de l'esprit, pour ne rien perdre de tous ces aperçus si fins, si vrais, si spirituels. Que je regrette que tous ces rapports si frappans et si sublimes de la Mère du Rédempteur, de notre aimable et tendre mère avec tout l'ordre naturel, social, intellectuel et moral, dépassent, par la forme, la portée du commun des intelligences ! Cet incomparable tableau ravirait tous les cœurs, comme le fait, dans son genre, l'Histoire de la Conversion de *Marie* de Ratisbonne ! Oh ! la belle fleur à ajouter à la couronne que vous avez tressée, Monsieur, pour notre commune Mère ! Que je vous suis redevable pour la délicieuse matinée que vous m'avez fait passer ! Mon cœur va au vôtre tout droit ; car ce n'est pas avec l'esprit tout seul ou avec la science qu'on trouve et qu'on dit si bien ! Dieu soit béni mille fois de ce qu'il vous a inspiré ! et que sa Très-Sainte Mère vous dicte encore ; et la dévotion, la confiance, le bon amour couleront de source et se communiqueront aux âmes...»

....(Ici l'Évêque rapporte des traits de ses voyages en Italie)....«Vous me trouverez peut-être, Monsieur, un peu simple, d'aller raconter mes impressions et mes souvenirs, comme si je causais avec vous, et que j'eusse l'honneur de vous connaître. Vous l'avouerai-je, votre livre m'en a donné l'envie, et l'amour que vous avez pour notre Mère me donne attrait et affection pour vous. Si j'ai dépassé sa limite, vous me le direz, ou plutôt vous ne me le direz pas, et je l'entendrai, et je serai plus réservé dans l'expression, mais non dans le sentiment qui l'a fait couler de ma plume. Je prierai mon Sauveur et sa douce Mère de vous rendre surabondamment tout le bien que vous avez fait à mon âme. Je serais bien heureux qu'elle me procurât l'occasion de vous exprimer de vive voix les respectueux sentimens avec lesquels j'ai l'honneur d'être, Monsieur, votre très-humble et très-obéissant serviteur, A. J. Evêque de Verdun. »

Cependant, et au contraire, en apparence du moins : — un petit *Corse* s'appropriait la Révolution et la France ; — et, depuis, le simple poëte Béranger, les simples banquiers Laffitte et Périer, le simple homme de lettres Thiers, défaisaient une royauté, et en faisaient une autre, bien autrement, que ne les faisaient ou défaisaient la Cour ancienne, et même la nouvelle. — Et O'Connel semble, et il est en effet, bien autrement souverain d'Angleterre qu'Albert Cobourg n'est roi, et que n'est reine la petite *Victoria*, et Premier Ministre *titulaire* le petit Peel !

Or donc, c'est le Clergé qui *fait* le Peuple ce qu'il est, bon, médiocre, ou mauvais ; — et c'est, plus qu'il ne pense, le Pape, le Secrétaire même d'État du Pape, et même tel Évêque, et tel simple Prêtre, qui, de *proche en proche*, fait, à force de Vertu (je ne dis pas de *science*), ou à force de négligence (je ne dis pas de crimes), le Clergé et même le Pays.

Si les Prophètes, grands et petits, avaient un Cri plus particulier, ce serait celui de l'Identification du Sacerdoce et de la Nation :

Ce n'est pas de la présomption, mais de la défiance de soi, de croire aux autres pour être cru soi-même, et pour croire à soi-même (car il faut aussi avoir cette foi). Et si tel ou tel, ici, s'avisait de m'accuser d'orgueil, je lui répondrais comme saint Jérôme à un de ses envieux : «M'accuser d'orgueil, c'est en avoir plus que moi.» Et je lui dirais, avec saint Paul *aux Corinthiens* : Quoniàm *Multi* gloriantur secundùm carnem, et Ego *Gloriabor*.

Et cette année même (et pour ne citer qu'un fait entre bien d'autres), j'ai reçu, par les supérieurs même d'un Grand Séminaire d'Amérique, des Lettres d'un des plus savans hommes du Nouveau-Monde, d'un homme qu'ils croient appelé à un grand apostolat, même dans son pays, des Lettres à cette fin de développer ces paroles : « A la seule lecture du *Prêtre devant le Siècle*, à la veille de faire une riche alliance, je suis entré au Séminaire de Saint-Vincent-de-Paul. »

Et, ce qui est plus encore, j'ai pu, sans en être ri par un seul homme, dans un seul journal, et critiqué par un seul de mes mille amis, dans tous les partis, lesquels m'en ont félicité tous, j'ai pu publier un opuscule avec ce titre, inoui, et, j'ose le dire, réalisé : *UN FIDÈLE SEUL CONTRE UN SIÈCLE.* « A cette fin, est-il « ajouté, de démontrer, par la seule puissance de faits éclatans, la supériorité de nos enne-« mis à nous élever lorsque nous les aimons, et jusqu'au dévouement de Dieu lui-même à « nous glorifier lorsque nous le glorifions. »—Et cette suite de textes, qui vont si bien à la vérité, que nous voulons prouver ici, de l'omnipotence de l'humanité et même de l'individualité : — Religio.... Hæc est se custodire *ab hoc Seculo.* (St-Jacq., 1, 27.) — Quicumque ergò voluerit amicus esse Seculi hujus, inimicus Dei constituitur. (*Ibid,* iv, 4.) — *Nemo* mihi affuit..., Dominus mihi. (S.-Paul, *ad Timoth.* iv.) — Un *Fidèle* quelconque est, lui aussi, un *Fils de Dieu : Filius Dei.* (S.-Jean, *fin* de l'Ordinaire de la Messe.) — Tout Chrétien est Christ : *Omnis Christianus Christus.* (S.-August.) — *Fecit mihi* Magna. (*Magnificat.*)

SICUT POPULUS, SIC SACERDOS. Isaie, XXIV; Osée, IV., etc.

Le cri de la génération des maux de l'Empire par les Péchés du Sacerdoce.

Le seul nom du Sacerdoce, *Sacer Docens,* et *Ducens,* proclame les Devoirs, la Puissance et la Responsabilité du Prêtre.

C'est à cause des Péchés des Prophètes et des iniquités des Prêtres, que les ennemis de Jérusalem entrent par ses portes : *Quoniàm ingrederetur Hostis per portas Jerusalem. PROPTER PECCATA PROPHETARUM EJUS, ET INIQUITATES SACERDOTUM EJUS.* Jérém. *Lament.* **IV. 13.**

Le Prêtre, le Clergé *Fait* le peuple bon lorsqu'il est bon; meilleur, mauvais, lorsqu'il est meilleur ou pire. Les plus Habiles, les plus Saints, les plus Illustres prêtres ou Pontifes ne sont que ceux qui se sont considérés le plus comme responsables, comme coupables des faiblesses, des prévarications, des crimes même et des malheurs des peuples (*). — Saint-Chrysostôme appelle le Sacerdoce : *Grave Onus et ponderosum* ; — Saint Paulin : *Sacra Moles.*— Saint Pierre Damien : *Onus onerum.* — Et le Concile de Trente : *Onus Angelicis humeris formidandum* :

Saint Grégoire semble n'avoir composé son *Discours sur le Sacerdoce* que pour consacrer, par l'histoire de son siècle, le plus beau de l'Eglise (le 4ᵉ), la portée des méprises et des divisions cléricales : «.... On nous joue sur les théâtres. Point de pièces plus agréables que celles où nous sommes hués ; voilà à quoi ont abouti nos querelles domestiques, nos zèles outrés, nos excès improuvés de Dieu, lui qui est *la Douceur même.*» — Saint Bernard, qu'on a pu considérer comme le plus *Grand Homme,* proprement dit, de l'univers, répondit à un chrétien zélé qui lui demandait à entrer dans son cher Clairvaux : « *Oui, mon fils, apportez à Dieu un cœur vide, et offrez-le-lui sans cesse afin qu'il le remplisse... Intrate solus, manete totus, exite alius.* »—Et puis, le saint prêtre, dans une méditation sur l'*Enfer des Prêtres,* leur rappelle que saint Jean-Chrysostôme disait qu'après y avoir bien réfléchi, il était convaincu qu'il n'y avait *pas beaucoup* de prêtres qui se sauvent, mais que la plupart se damnent : *Non temerè dico, sed ut affectus et sentio : non arbitror inter sacerdotes multos esse qui salvi fiant, sed multò plures qui pereant.* — Et le même saint Bernard, qu'on peut considérer comme le grand Électeur

---

(*) Le beau livre intitulé : l'*Art des Arts, sur les Devoirs des Pasteurs,* par l'abbé Delmas , admirable Curé de Montauban, prophète de la Révolution de 1793 , dans son livre imprimé en 1786.—Mais il faut voir le sujet traité, de mains de maîtres, et de mains non suspectes, dans le *Traité des Saints Ordres,* par le fondateur de Saint-Sulpice, Olier; les *Retraites* de la Chétardie ; l'*Idée d'un Bon Ecclésiastique,* in-18, par Adrien Bourdoise, véritable *Vincent de Paul* avant Vincent de Paul ; les *Devoirs des Prêtres ,* de l'illustre jésuite Ségneri , admirés par Duvoisin, et traduits par l'abbé Delvincourt ; — l'*Ecclésiastique Accompli ,* par le célèbre abbé Carron, prêtre accompli lui-même; — le *Prêtre cité au Tribunal de Dieu au moment de sa mort,* par un Directeur de Saint-Sulpice, in-12, souvent imprimé.

et le Directeur des Rois, et même des Papes de son siècle, n'a composé, et intitulé son sublime traité de la *Considération*, et il ne l'a dédié au pape Eugène, que pour signaler et maudire à jamais le mal à la source, c'est-à-dire le plus *considérable* qu'il y ait sur la terre. — Et, depuis, l'Homme, le savant, l'évêque le plus remarquable de l'Église de France, au règne de Charles le Sage, dont il fut le Précepteur, et, de fait, le premier ministre, Oresme, envoyé par lui à Avignon prier Urbain V de ne pas quitter la France, prêcha devant celui-ci, et sans doute à sa prière, un *Discours* qui devait retentir dans toute la chrétienté, vrai *Manifeste de l'Église Romaine* contre l'Église anti-Romaine, *sur ses déréglemens*, au risque de voir reproduire son Sermon dans le fameux livre des *Témoins de la Vérité* de Francowitz, des *Centuries de Magdebourg*, lequel voyait l'Anti-pape, l'Anté-Christ, et jusqu'au Démon incarné, dans le Pape en général. Tant il est vrai que de la grande vérité à la plus grande erreur, et de la plus grande vertu, la *Fidélité*, au crime le plus grand, l'*apostasie*, il n'y a qu'un *pas*, et peut-être *un fil !*

Le rénovateur du sacerdoce dans les derniers siècles, le Grand Bourdoise, comme Fénelon le nommait, dit, dans l'*Idée* qu'il se faisait d'un Prêtre (et surtout d'un Évêque) : « C'est une demande que ne manquent quasi jamais de faire ceux à qui on présente une cure, savoir : que vaut-elle ? Or, à ceux-là on ne peut guères manquer de faire cette réponse, à savoir qu'*elle pourrait bien valoir l'Enfer* à ceux qui font de telles demandes, qui sont plutôt le témoignage d'un esprit avaricieux, que zélé pour le salut des âmes de la cure. »

Au siècle de Louis XIV encore, le savant auteur des *Obligations des Ecclésiastiques*, « tirées de l'Écriture Sainte, des Conciles, des Décrets des Papes et des Pères de l'Église, et surtout de saint Chysostôme» (*), rappela au Clergé de son temps le Sel gâté qui n'est bon qu'à être jeté dehors : *Ad nihilum valet ultrà nisi ut mitattur foràs, et conculcetur ab hominibus.* « Voilà, ajoute-t-il, l'état où se trouve notre sacerdoce, c'est-à-dire dans le mépris, dans l'ignorance, et dans l'oubli de son excellence, par la Faute des ecclésiastiques qui s'abandonnent aux plaisirs de la vie. » — Et la Faculté de Théologie ajoute : « Le seul *Pastoral* de saint Grégoire avait tant d'horreur des mauvais prêtres de son temps qui ne vivaient pas selon la sainteté de leur ministère, qu'il les appelle les précurseurs de

---

(*) Alors un livre *classique* dans le Clergé, sous le titre d'*Avis à MM. les Curés touchant leurs charges*, dédié par l'auteur au Prince François de Lorraine, son Évêque, renferme des chapitres admirables, intitulés : *Pourquoi les Prêtres ne sont pas honorés ;* — *Que le mépris des Prêtres leur sert de châtiment ;* — *Que les bons Prêtres sont toujours honorés ;* — *Que les péchés des Prêtres sont grands.*

Alors encore, un vertueux, un savant Trappiste, Dom Le Nain, digne frère de Tillemont, et bras droit de Rancé, publiait son livre célèbre : *Sur le scandale qui peut arriver même dans les monastères les mieux réglés.*

l'Anté-Christ, à cause de la Superbe qu'il voyait régner dans les prêtres : *Rex Superbiæ propè est* ; *et quod dici nefas est, sacerdotum ei præparatur exercitus.*

Mais quels sont les faibles et les fautes du Prêtre en général et du Clergé?... Ils sont selon les siècles, et nous les avons signalés, avec leurs causes médiates et immédiates, dans la *Législation de la Providence.*

Au XVIᵉ siècle encore, le faible, le Péché du Prêtre, ce fut la Domination politique, dans la pensée du *Cardinal* de Lorraine, au prix de la *Saint-Barthélemi* elle-même. — Au XVIIᵉ siècle, le *Péché*, c'était la flatterie politique, au prix de la Déclaration de 1682, dans la pensée de Bossuet. — Au XVIIIᵉ siècle..., l'indifférence politique, et même religieuse, et souvent morale, remplacée par l'égoïsme et les désordres personnels...

A ce point, que, depuis 1750, s'il y eut un cri dans la Philosophie, et par conséquent dans le monde, et en 89 dans les Bailliages, ce fut celui de la corruption civile du clergé et même des moines.

Et les *Élections* aux États-Généraux de tant d'ecclésiastiques *du second* et souvent du dernier *ordre* ; et à la fin, l'abolition légale du Célibat religieux, la renonciation même du Clergé à sa propriété et à ses priviléges, l'ont prouvé assez : car, on le sait, c'est de l'enseignement libre du Collége *Libre* de *Louis-le-Grand* et des pères *Porée* de Paris (*), que sortit Voltaire ; et c'est sur la Proposition même de l'Évêque d'Autun que la spoliation du Clergé et des ordres religieux fut consommée ; comme ce fut sur la Motion du hardi Parlementaire Parisien Duport, que furent abolis les Parlemens.

Autres temps, autres mœurs. Le faible du Clergé à son retour de l'Émigration, ou au sortir des prisons, le faible d'un *vieux* Clergé décimé, pauvre, et d'un *nouveau*, mal né et mal instruit, ne pouvait plus être la licence ; ce fut d'abord l'ignorance, et puis, et de plus en plus, jusqu'à nos jours, la science *nouvelle* : c'est-à-dire la *demi-science*, la présomption, l'orgueil, et, accessoirement, l'esprit d'égoïsme, et même la cupidité, le petit *bien-être* temporel, les agrémens, la *bourgeoisie* du Presbytère, et même les façons du monde.

Mêlé à la Société, préoccupé de ses petites passions, de ses petites nouvelles, de ses petites connaissances, de sa littérature, de ses sciences prétendues exactes, de ses arts même, de ses journaux, des discussions stériles de ses chambres, de sa

---

(*) Seulement, il n'appartenait pas de le dire, sans contradiction et même sans audace, à un disciple de Voltaire, et à l'un des Électeurs d'un Roi que Jules Janin accuse à faux, et peut-être félicite et honore de l'être : « Le 18ᵉ siècle, ce siècle si renommé par son incrédulité, des mains de qui est-il sorti? Des Corporations enseignantes... Donnez-moi des professeurs de Fribourg dans toute la France, et je vous promets un Voltaire. *Dieu veuille*, s'il en vient encore un, qu'il ait autant de bon sens et d'esprit que le premier! » (*Rapport à la Chambre*, 13 juillet 1844.)

creuse philosophie, le Clergé échappe à la Théologie, et même à la Politique ; et, manquant la Religion, il manque supérieurement tout le reste (*), et trop souvent la vertu elle-même.

Son triomphe, en fait de religion et d'édification, c'est la chose la plus secondaire, et, en temps et lieux, la plus fâcheuse : l'ornement, le luxe, l'agrandis-

---

(*) Il y a tel lieu, telle Province, tel État (la Belgique), où les *repas* de *M. le curé* sont déjà plus *longs* et mieux servis que ceux des *Moines* d'avant 89. — Le Prêtre Flamand passe *à boire la bière* le temps qui manquait même au si savant François de Sales pour s'instruire. — Le Curé, l'Évêque surtout, qui ne fait pas difficulté de *dîner en ville*, se fait, et à la Religion, d'autant plus de mal, qu'il est ou se fait plus aimable envers tout le monde. Dieu lui-même, qui s'entend en *Épiscopat* et en *Cure*, se *Voile*, se cache sous toutes *les apparences* du *Pain*, du *Vin*, et même du *Prêtre*, précisément pour être plus visible. « J'ai changé mon Confesseur, disait madame de Sévigné, je l'ai vu manger. » — Et Massillon, dans son *Discours sur la manière de converser :* « Nous ne pouvons que nous perdre et *nous avilir* dans le monde, en nous y montrant trop souvent. »

Effati esto memor : minuit præsentia famam.

Il y a tel salon de Grand Seigneur où nous nous sommes abstenu d'aller, depuis que nous y avons vu tel *Prêtre habitué* de la plus grande Paroisse de Paris, à la table de jeu, en tête à tête avec la Maîtresse de la maison, lui dire, à propos d'une *carte*,... et lui faire accepter sans rougir, et peut-être comme innocent, l'indigne mot : *Ah ! Coquine !...*

En Irlande, lorsque les Évêques Catholiques, revenus, depuis et par le schisme, à la pauvreté du Sauveur, ne sont, en ce moment, compromis que par les emportements *in petto* d'O'Connel, les Prélats intrus sont comme maudits par leurs richesses scandaleuses ; et ils donnent lieu de dire à l'anglican Inglis, aussi bien qu'à notre Catholique Gustave de Beaumont : « Ces messieurs ont, terme moyen, 125,000 fr. de rente ; les archevêques, près de
« 200,000 fr.; l'évêque de Derry en a plus de 300,000, et l'archevêque primat d'Armagh
« environ 400,000 ; le revenu du doyen de Derry est presque de 100,000 fr. Rien ne
« manque aux prélats de l'Irlande pour leur faire une vie brillante. On ne saurait imagi-
« ner un plus beau palais que celui de l'Armagh. L'archevêque de Cashel, le plus pauvre,
« a 161,000 fr. de rente : son palais est environné de jardins délicieux. Là se trouve
« réuni tout ce qui peut enivrer les sens ; des parterres de fleurs charmantes entremêlées
« des arbustes les plus rares ; çà et là des plantes d'une infinie variété ; plus loin, des
« bosquets solitaires embaumés ; plus loin encore, d'admirables rochers surmontés d'une
« antique et superbe ruine qui s'élève au milieu d'un réseau fleuri de lauriers, d'acacias,
« de lilas et d'ébéniers. Une voie secrète conduit des jardins aux rochers ; c'est par là que
« se dérobant aux yeux de son troupeau, le saint pasteur peut se retirer dans ce lieu so-
« lennel, où il médite en paix sur l'insuffisance des biens de ce monde. »

Étonnez-vous après ces *libertés* d'Irlande, et surtout après les Prophéties d'Isaïe et de Jérémie, des malheurs et même de l'esclavage de l'Irlande par l'Angleterre !

sement de son église (*). C'est surtout de la plus petite Chapelle de Dieu, et du plus étroit presbytère de village, qu'il faut dire ce que Socrate disait de sa maison :

> Plût au ciel que de vrais amis,
> Telle qu'elle est, dit-il, elle pût être pleine !   **LAFONTAINE**

Le *Voltairien* de l'endroit (car il y en a partout un sans avoir eu besoin d'ouvrir Voltaire) dit, et le pauvre, qui est en majorité partout malgré notre philantropie et même par elle, l'ouvrier, l'artiste même qui a concouru à l'œuvre, croient facilement qu'elle se fait au préjudice de leur pain ou de leur aisance. — Il y a tel pays où l'érection d'une Église Moyen-Age et Gothique superbe fait plus de mal à la Religion que ne lui en fit une édition des œuvres de Voltaire, et à l'État que ne lui en feront jamais les Forts détachés de Paris. — L'Église *morale* Belge s'en va mourant au milieu de ses constructions ecclésiastiques-*physiques*, somptueuses et incessantes (ce qui n'exclut rien assurément de tel ou tel zèle, de tel ou tel sacrifice particulier de prêtre ou de laïque à cette occasion).

Comme le triomphe de l'Église de nos jours, en fait de Religion, est le *petit luxe* (jadis, du moins, c'était le grand), son triomphe en Politique, c'est ce qu'elle appelle *la Liberté* (**) : vrai luxe du cœur et de la vie, en effet.

Dernier état, pire que le premier, dit et prédit excellemment dans l'Écriture, et par saint Pierre, 2e *Epit.* II, 19, 20; et *Ex Cathedrâ :*

LIBERTATEM illis promittentes, cùm ipsi servi sint corruptionis.... Facta sunt eis posteriora deteriora prioribus.

Il pèche par *Omission*, ce qui est pire peut-être que par *Action* : car celle-ci est, de sa nature, étroite, bornée; et l'autre est illimitée.

(*) Il y a telle *Chaise* (et surtout tel *enterrement*) payée à l'église, qui fait plus de mal, comme *signe* d misère et de cupidité apparente de *Sacristie*, que le don même de toute une succession opulente ne saurait faire de bien à la sacristie... Et la *Quotidienne*, la *Gazette*, la *France* et l'*Univers religieux* à la suite, parlent de *Chasser les vendeurs du Temple...*

(**) Et voyez comme tous les faits le prouvent, et surtout le Journalisme, pauvre héritier de la pauvre Littérature, *expression de la société* présente! L'abbé de Lamennais, ayant à sa suite Montalembert, prit pour épigraphe de son *Avenir*, transformé aujourd'hui dans l'*Univers: La Liberté* ET *la Religion*. — Et aujourd'hui, vous avez, tantôt à la suite de la *Gazette de France*, et tantôt contre elle, le journal Breton, *ex professo : La Liberté* (toute seule) *comme en Belgique*. — Le plus mauvais bon livre qu'on ait pu imaginer dans ces derniers temps, et qui, pour cela même, a été l'objet d'un Rapport de M. Dupin aux *Sciences morales: le Presbytère, l'École et la Mairie, ou la Régénération des Communes*... dégénération d'un petit *Christ devant le* petit *Siècle*, fin de la *mort* de l'auteur, commencée dans sa *Mort avant l'Homme*.

Plus il n'a de cette foi, et surtout de la *Charité* : la seule *preuve* existante de la foi, à laquelle il est prédit qu'elle transportera, comme en se jouant, les *Montagnes*.... et surtout celles de 93 : *Dico vobis, si habueritis Fidem, et non hæsitaveritis, si Monti dixeritis : Tolle, fiet.* MATTH. XXI, 21.

C'est lui qui doit, le premier, et le plus de soumission aux Puissances : «Saint Paul, dit Saint Chrysostôme, sur l'*Epître aux Romains*, l'annonce *tout d'abord*, lorsqu'il dit : Que tout homme, quel qu'il soit, Apôtre, Évangéliste, Prophète, soit *soumis*, ce qui est plus qu'*obéissant*.»—Et c'est lui qui, en ce moment, *paraît* (ce qui est pire qu'être) le plus insubordonné devant les Puissances !

Il y a tel Clergé en particulier, celui de la France, la *Missionnaire des Nations*, qui fait peut-être, à lui seul, plus de mal que les autres clergés ensemble....

Le Clergé Belge, le plus prétentieux en politique, est aussi, entre tous les Clergés Européens, le moins savant, hormis, dans les sciences théologiques, l'abbé Vrindts, d'Anvers, qui a, l'un des premiers, prévu, combattu l'abbé de La Mennais, et qui édifie la Flandre par sa science inouie et ses vertus d'un autre temps ; — et dans les petites sciences, l'*abbé de Ram*, auteur d'une.... *Historia philosophiæ*, c'est-à-dire d'une histoire du *rien*.

La première des fautes du Clergé de France dans le dix-huitième siècle, et surtout dans le nôtre, c'est son insuffisance métaphysique : car, sans métaphysique, on ne saurait concevoir d'apologie de la religion, et de vraie démonstration catholique. Il est résulté de là que le Clergé de France a publié cent *Défenses* peut-être *de la Religion*, depuis celles de Bossuet et de Fénelon, jusqu'à celles de Pompignan, et depuis celles-ci jusqu'à celles de l'abbé *Frayssinous* (*), toutes *à côté*, pour ne pas dire *contre* la religion. «Et, comme la Religion se défend beaucoup par elle-même, elle perd plus lorsqu'elle est mal défendue, que lorsqu'elle n'est point du tout défendue.» Ces belles paroles de Montesquieu pour

---

(*) Il est *remarquable*, seulement pour ceux qui ne connaissent rien aux voies de la Providence, que les meilleurs Livres Catholiques sont faits par des Protestans : — par exemple, le *Système de Théologie de Leibnitz* (traduit aussi par l'illustre abbé Emery).— Nous ne lui connaissons de maître (pour *nous*) que les *OEuvres* de La Chétardie, ancien Curé de Saint-Sulpice, qu'on connaît à peine en ce moment au séminaire de Saint-Sulpice, où l'on enseigne peut-être le pitoyable *Catéchisme* des frères *Gaume*. — A cette Loi, ou plutôt à cet abus, les meilleurs livres Protestans sont faits par des *Catholiques* en apparence : les *OEuvres complètes* de Port-Royal, par exemple.

(Leibnitz écrivait à Arnauld, et pour cause : « La lecture des ouvrages des incrédules m'a plus convaincu que ceux des croyans.

Pour ne parler que de la France et des derniers temps, le Clergé, en général, n'a produit, dans les sciences vraiment *siennes*, la théologie, la philosophie, et même la morale,

Défendre son *Esprit des Lois* contre certains ecclésiastiques de son temps, sont bien autrement vraies, de tous les livres, de toutes les *Bibliothèques Paroissiales*, de tous les journaux ecclésiastiques, et même des fausses éloquences de la chaire du nôtre.

La Théologie Politique a manqué et manque surtout aujourd'hui au Clergé :

---

que des *OEuvres* communes, et même *mortes*, qui n'ont pas même pu se soutenir dans les Séminaires.

Il s'est montré le premier, et souvent seul, dans la plupart des sciences *étrangères* (nous l'avons vu dans le *Prêtre devant le Siècle*) : et c'est pour cela même qu'il a toujours été, dans ces derniers temps, médiocre, quand il n'a pas été le dernier, comme l'a dit imprudemment son abbé de Lamennais, *en matière de Religion*.

La *Théologie du Mans*, par Monseigneur Bouvier (*Comte* romain en conséquence), la plus accréditée au-delà du *Mans*, et même celle du P. Péronne, à Rome, sont, à peu près, une répétition des cent autres Théologies de Lyon, etc., et de partout; la première à ses étrangetés près, qui sont si aisément attaquées dans ces derniers temps, et que l'auteur n'a pas même songé à justifier. — Le *Catéchisme de Persévérance*, la théologie des gens du monde et des ignorans, des frères Gaume, est une suite non interrompue de choses que nul ne nie, et une complète abstraction du petit nombre de celles qui sont niées par tous les incrédules ou les mécréans.

Si je voulais manquer un *Prêtre*, par un Prêtre manqué, je lui conseillerais la *Collection* informe des cent *Démonstrations* prétendues *Évangéliques*, depuis celle d'Eusèbe jusqu'à celles de Mᵉ Riambourg de Dijon, et même de Mᵉ *Dupin* de Paris.

L'*Apologétique*, la *Polémique* surtout, les plus célèbres du xviiiᵉ siècle, celles de *Nonotte*, de *Feller* (*), de *Barruel*, du P. *Richard*, celles même de *Guénée*, de La *Hogue*, de *Pey*, de *Bergier* et de *Muzarelli*, etc., qui purent être et qui sont encore plus ou moins utiles à tels ou tels lecteurs, insuffisantes, étroites, et en général assez mal écrites, excitèrent les dédains, quand ce ne furent pas les colères du Parti philosophique.

(Mieux inspiré que le Cardinal Gerdil au-delà des monts, Liguori, et mieux en France que Bergier, Para du Phanjas, s'efforçaient d'organiser, de simplifier les sciences théologiques, abstraction faite des philosophes ; et voilà pourquoi ils commencent, lorsque Gerdil et Bergier sont depuis longtemps finis).

(*) Le *Dictionnaire Historique* de l'abbé de Feller, passable lorsqu'il le fit en trois volumes, est devenu mauvais en huit par lui, et bon *à l'Epicier* en vingt et plus, *continué* par l'avocat Henrion. Au fond même, la première et même la dernière édition, essentiellement *Belges*, autographes, renferment des pages dégoûtantes et quasi démagogiques. — Sous ce rapport, le *Dictionnaire* de l'abbé Ladvocat, et même celui de Dom Chaudon, et les *Biographies* de MM. Jay, Jouy, Etienne, et des frères Michaud, sont préférables...

— De là, sa *Déclaration* de 1682, arsenal pour tous les partis, et d'où sortent les révolutions encore mieux que les restaurations ; — de là, son embarras, à toutes les époques, entre les Papes et les Papes, les Rois et les Rois, les Peuples et les Peuples ; son embarras avec les autres, son embarras avec lui-même. — De là,

---

Le Mal, à cet égard, est encore plus grand de nos jours.

S'il y a une Polémique insuffisante et nulle dans le monde, où elle est le plus nécessaire, c'est celle du P. Rozaven, par exemple, contre l'abbé de Lamennais ; — s'il en est d'étroites , et même d'équivoques, ce sont les *OEuvres* volumineuses de *Tabaraud*, de *Mérault*, etc.; — s'il en est de ridicules et d'illisibles, même aux séminaires, ce sont celles des abbés *Boyer*, de Saint-Sulpice, *Thorel, Receveur, Baston, Flottes*, etc.; *Jager*, etc.

Ils n'ont pas même été, aux dissidens divers, ce que les *abbés Gerbet* (*générateur* d'un *Gachis* exclusif de la *piété catholique*) *Salinis, Rohrbacher* (auteur du *Sens Commun de la secte*), furent à l'abbé Lamennais.

Lorsque les abbés se sont faits professeurs à la Sorbonne, où leurs adversaires disent si bien plus ou moins le mal, MM. Frère, Dupanloup , et même Cœur, ont dit mal le bien.

La *Philosophie* doctrinaire et quasi Germanique de l'abbé Bautain, le *Cousin du Clergé*, n'a pas même pu, malgré les efforts de l'*Univers*, sortir du *Canapé* doctrinaire de Strasbourg ou de Juilly.

Le seul livre français du Clergé moderne où nous ayons trouvé du talent, à la suite du comte Joseph de Maistre, Savoisien, est la *Perfectibilité Humaine*, in-8°, 1835, de l'abbé Savoisien Martinet, élevé récemment au siége de Chambéry.

L'abbé Orsini, ne prouvant de la théologie toujours, a montré de l'art et de la poésie, du moins, dans sa *Vierge* ; et l'abbé Dassance a donné du moins de la matière aux *Illustrations* Curmer.

Un digne Évêque de nos jours, assez grand, assez bien avisé pour refuser l'Archevêché de Paris, l'Évêque de Belley, Mgr Devie, a composé un Traité de la *Politesse des Jeunes Prêtres* , auxquels la science manque bien autrement que la *politesse* , et même une *Conversation de Marie avec les enfans* , où l'on ne trouve ni la *Finesse du serpent* ni la *Simplicité de la colombe*... Et le bon et saint d'Aviau n'a-t-il pas publié (ne s'est-il pas oublié dans?) une *Mélanie et Lucette*, qui n'a même pas l'esprit des contes stériles du *chanoine allemand* Schmid ?...

D'autres, à d'autres égards, plus mal avisés encore, ont publié d'éloquens *Mandemens sur les Cloches* ,..... lorsque l'Eglise de France est attaquée dans ses fondemens, et se trouve peut-être à la veille d'un schisme...

(L'Evêque qui , pour le *Carême* de 1844 , a préféré à 10,000 sujets nécessaires , bienfaisans, ou seulement utiles, le misérable et même funeste sujet de la *Grammaire* et du *Code civil*,... a fait descendre, a dégradé le *Mandement* Episcopal, supérieur aux *Commandemens* même des Rois, l'a dégradé à la... Circulaire d'un Recteur d'Université).

Presqu'autant vaudraient les anciennes *Idylles* en prose de Mgr Raillon, les prosaïques

ses incertitudes entre les *Carlistes* et les *Philippistes* : — son silence, sa récusation même sur la question du *Serment* (*).

La simple Théologie Logique manque à plusieurs évêques, et à un grand nombre d'ecclésiastiques : — De là leur *imbroglio ;* leurs *Lettres* au duc de Broglie, à l'*Univers*, etc., que nul ne lit dans le monde, et nul surtout ne comprend, *Contre* l'université, lesquelles finissent, ou finiront par être *Pour* l'université (**), et en tout cas Contre le Clergé.

---

traductions des poètes latins de *la Décadence* (par M. le Curé de la plus *responsable* Paroisse de Paris, Saint-Thomas-d'Aquin), et la *Biblio*-Manie, dite *catholique*, de son vicaire, c'est-à-dire l'exhumation, et même la *célébration* scandaleuse, sous le nom de *Critique*, de tous les mauvais *Livres*, et des *bons* du jour, les pires de tous le plus souvent.

Les *Parlans* et les *écrivans* du clergé sont, toutes choses égales, les moins prêtres; heureux s'ils ne sont pas les mondains du clergé. Ce sont ceux auxquels le nouvel Archevêque de Paris a livré l'Administration Diocésaine le lendemain de sa promotion! — L'ancien lui-même, qui eut le malheur de se laisser entraîner à l'Académie, fut assez mal inspiré pour donner à son misérable Secrétaire Perpétuel, Auger, qui se jeta à l'eau, une *Tabatière* avec le portrait de *Monseigneur*, qu'on retrouva sur le corps à la *Morgue*...

Je ne conçois même pas, ou plus, moi, ce que d'autres, et même des Évêques, semblent désirer, des Prêtres Naturalistes et même Médecins. — La plus longue vie ne suffit pas aux sciences théologiques et aux vertus théologales; et toutes les expériences, et surtout les Journaux du P. *Moigno*, de la rue des Postes; « Le *Somnambulisme devant les Corps savans et la Cour de Rome*, par l'abbé L***, Prêtre, ancien élève en médecine » (sic); toutes les *Sources* de l'abbé Paramèle, le cosmopolite *en rabat*, ne valent pas un *verre d'eau* donné à un pauvre, ou une *goutte d'eau* du Baptême d'un enfant...

(*) Le Clergé, en effet, qui s'escrime à des discussions intempestives ou à de la creuse et stérile métaphysique, quand ce ne sont pas des appels aux passions politiques, sous le nom de *Conférences* à Notre-Dame, le Clergé, sur lequel se modèlent en public, ou en secret, tous les fidèles, et même tout le monde, gardé en général le silence sur la question qui est le plus de sa compétence solennelle dans les chaires. — Heureux, s'il ne le garde pas dans ses tribunaux secrets ! — Il y a tels de ses membres, à la suite de Montalembert qui, loin de faire maudire aux autres le serment stérile à l'une ou à l'autre des dynasties, le prêteraient volontiers obligatoire à la République! — Voudrait-on pas renouveler implicitement la vieille, fausse, et fatale doctrine, attribuée à quelques Papes, en tant que Princes, et dont le seul souvenir fait encore à présent tant de mal à l'Eglise, qui n'est *pas* ou qui n'est *plus* de ce monde, du *délien* de Serment de fidélité ?

(**) Malgré le mal du siècle, et précisément à cause de ce mal, telles sont les mœurs des familles les plus indifférentes en matière de religion, que le Collége où il n'y aurait pas d'Aumônier finirait par tomber, d'abord dans l'opinion publique, et bientôt par le fait. — Qu'est-ce que peuvent dire l'Évêque du diocèse ou l'Aumônier du collége avec un *statu quo* semblable? — Si reconnaissance à Dieu, et même au Roi et à son pays, car, avec cela, si

De là leurs *Journaux* prétendus *Religieux*, et leurs *Abbés*-journalistes impuissans et malheureux.

---

quelque chose lui manque ou si on lui ôte quelque chose, pour peu qu'il soit habile, pour peu qu'il soit prêtre, il l'aura bientôt.

Conçoit-on après cela l'idée, et peut-être le système, de tels Évêques isolés, de retirer, *proprio motu*, les Aumôniers des Colléges?... Diront-ils que c'était seulement pour *forcer indirectement* le gouvernement à autre chose? la force, et surtout la force *fausse* ne saurait profiter au Clergé. Elle a failli le perdre cette année. Et c'était pour le sauver que j'écrivais, dès le mois de novembre 1843, et que j'abrège ici la Lettre suivante, qui ne manque pas de *prévisions* déjà réalisées :

« . . . . C'est lorsque le mal est devenu à la fois profond et universel , et qu'il est ou qu'il tend à devenir rationnel, philosophique, et même théologique, c'est surtout lorsque la plupart des journaux et surtout les journaux prétendus religieux, et tout le monde , ne le voient que dans ses *causes secondes*, qu'il est bon , qu'il est nécessaire, qu'il est original et piquant de le voir dans sa cause première, et si on peut le dire, dans son *péché originel*.

«Or,«la cause d'un mal, dit Bossuet, est toujours *sacrée* en apparence, et profane au fond.»

«Ce que Bossuet a dit de la *cause*, il faut le dire même de l'*occasion*. Je l'avais vue, je la découvre, je la vois, et je vais la faire voir, toute entière et toute nue aujourd'hui dans les premières *Lettres* à l'*Univers*, de M. Clausel (car je ne puis, je ne dois pas voir ici l'évêque de Chartres), et accessoirement, et écolièrement, dans celles de MM. de Bonald , de Parisis et de Prilly à tous les journaux. Elles sont si visiblement le signe, le *commencement* d'exécution d'*un système de malheur et de suicide ecclésiastique*, qu'en en ayant la conscience, et, j'ose le dire, la prescience, j'ai dû les manifester pour la *plus grande gloire de Dieu* et de la France. Je ne dirai rien, moi, que je ne prouve; rien même que MM. Clausel, de Bonald, de Parisis et de Prilly puissent contester; et telle est leur science , telle est surtout leur foi, que je ne crains pas d'annoncer qu'ils cesseront désormais, ou qu'ils changeront de direction, leur polémique (ils l'ont cessée pour les *Aumôniers*). Lorsque l'instrument du mal paraît élevé, il y a plus de *fidélité*, plus de courage, plus d'urgence à l'avertir et à avertir nos amis et nos ennemis. Ici tout chrétien, tout citoyen est soldat : *Omnis homo Miles* ; et le dernier venu des laïques est supérieur à un cardinal, s'il est logicien.

« Un arrêté du conseil d'Etat n'est pas plus ici qu'un cardinal.

« J'ai lu depuis des années telle ou telle des opinions religieuses ou politiques du *Courrier Français*, que je ne partage point sans doute, mais ce dont je lui ferai un mérite incessant, c'est de n'avoir jamais dit un *mot* contre le souverain pontife, qu'il admire avec Leibnitz « ne fût-ce que comme moyen visible et invisible d'ordre public, européen. »

« Telle est la raison de ma préférence.

« Le journalisme le plus autorisé ne sied point à l'Épiscopat ; car il est malgré lui la scène

De là les *articles de journaux* ou les *discours de tribune*.... en Chaire, de leurs *Prédicateurs* les plus célèbres :

---

de nos passions ou de nos plaisirs ; et le prêtre et surtout l'évêque s'y trouve à l'étroit. C'est par la parole, en chaire, c'est par la logique, à son aise dans un livre, et dans les *Mandemens*, que l'Église peut se faire entendre et se faire aimer ; et de là, tout au plus, qu'elle peut descendre, mais sans elle, dans les journaux reproducteurs.

« Le *Mandement*, en général, est la pierre de touche de la vérité et du talent d'un évêque ; et la preuve, sans réplique, que les *lettres de* MM. Clausel, etc., ne sont pas vraies, c'est qu'ils n'eussent jamais osé les *Mander* ou les commander *ex cathedrâ.*

« Mais c'est le fonds des *Lettres* en question qui est surtout fâcheux, et, je le dirai, terrible, et par conséquent *in-Épiscopal*. Leur premier malheur est de paraître et même d'être une opposition politique (je ne conçois que l'opposition logique, mais je conçois supérieurement cette opposition, car elle est l'amie du pouvoir) au gouvernement auquel ils ont prêté, en plus grande connaissance de cause que les autres fonctionnaires, serment de fidélité. Le prêtre, et surtout l'évêque, devrait y regarder, à accuser avec amertume, et surtout à personnifier ses accusations, lui qui a tant de puissance morale ancienne et nouvelle, lui auquel l'Esprit-Saint a dit, à toutes ses pages : C'est vous, vous seuls qui avez fait la société ce qu'elle est, bonne ou mauvaise : *Sicut Populus, sic Sacerdos !* Isaï. — L'université est sortie du corps épiscopal ; elle a été alimentée du clergé à toutes les époques. Elle a encore aujourd'hui (indépendamment de 118 *Petits Séminaires*) jusqu'à quarante colléges dirigés par des ecclésiastiques, et jusqu'à cinq cents ecclésiastiques dans les professeurs !

« Le second malheur des Lettres, qui rentre dans celui-là, c'est d'attaquer en corps l'université. Si l'évêque avait à reprendre, à attaquer, à dénoncer solennellement quelque chose, ce serait la mauvaise Presse *de sa compétence*, les journaux qui font à leur insu, au nom de la religion, *métier et marchandise* de la *religion*, qu'ils nomment, qu'ils redisent, disons-le, qu'ils *rabâchent* sans la prouver, sans l'insinuer seulement jamais !—Que serait-ce si l'évêque *tremblait* d'attaquer les *autres* journaux, qu'il croit le plus et exclusivement funestes, et qu'il abhorre, précisément parce que ces journaux ont des voix incessantes ? et si, au contraire, il flattait les autres, jusqu'à s'en faire complice ? Ne serait-ce pas là rendre les armes... selon l'accusation dont vous allez tout à l'heure vous défendre ?

« On s'en prend à l'Université, parce qu'elle est comme muette. L'*Université ?* Eh ! bon Dieu ! si ce n'est pas vous, c'est votre célèbre compatriote, votre ami, votre parent, votre nominateur à Chartres, l'abbé Frayssinous, qui a fait ou laissé *nonchalamment* se faire l'Université telle que la Restauration l'a léguée à la révolution de 1830. *Si ce n'est vous,* c'est votre frère, qui en fut jusqu'à sa mort l'un des *Conseillers* intimes. Attaquiez-vous alors l'*Université ?*

« Il en est de l'Université comme des Jésuites, et même comme d'un parti avoué quelcon-

Malitias tuas docuisti vias tuas. JEREM., II, 33. — *Pervertistis verba Dei viventis, Ibid.,* XXIII, 36.— *Et dixisti : Absque peccato et innocens ego sum, Ibid.,* II, 35.

---

que : elle ne saurait jamais être coupable que dans *des individus.* Qui ne sait que ce n'est jamais que le *très petit nombre* dans la société, et surtout dans un ordre, qui *écrit,* et le *plus petit nombre* encore qui est lu ; le *plus petit nombre* qui lit. Et toujours ces *petits nombres* divers sont les pires. Ils sont les pires surtout dans le clergé ! L'abbé Lamennais en est un bel exemple. Et M. l'archevêque de Paris lui-même l'a reconnu dans son *Réglement* contre le débordement des mauvais... bons livres. Les meilleurs professeurs des colléges de Paris, les meilleurs des jésuites actuels, les meilleurs des évêques, comme leur maître, le Sauveur du monde (il n'*écrivit* rien), *Parlent,* ils *Font* surtout... ; laissant aux laïques fidèles, aux de Maistre, aux Bonald, aux Benjamin Constant, aux Châteaubriand, le soin de défendre la religion pour les gens du monde ; car à ceux-là du moins on ne peut pas aussi bien dire : *Vous êtes orfèvres* !

«Mais j'ai supposé coupables les livres dénoncés de l'Université : ils sont, il faut le dire de la plupart, plus obscurs ou plus maladroits qu'irréligieux. Les plus mal sonnantes, les plus horribles propositions sont plutôt des *paroles* que des pensées, et je ne voudrais qu'*un mot* d'interprétation pour en faire des vérités sublimes, comme je ne voudrais qu'un mot des plus belles choses *littéraires* de M. Clausel (*) pour en faire des hérésies scandaleuses. Et voilà pourquoi M. Emery, de Saint-Sulpice, qui employa les *loisirs* de sa vie si laborieuse et si bienfaisante à catholiciser la philosophie de *Bacon*, de *Descartes*, de *Leïbnitz*, d'*Euler*, etc., mérita aussi bien de la religion et de l'état, de l'église et de l'Université, que MM. Maurice de Bonald et Clausel méritent, à leur insu, des ennemis de tous. M. Emery en particulier, admiré et aimé par Bonaparte, était supérieur à un évêque, car il refusa à plusieurs reprises et humblement de l'être. A la place de M. Clausel et avec son talent (manqué et *mâchant à vide*), j'aurais voulu composer une *Logique de Dieu* en moins de pages que toutes ses *Lettres* fugitives, et qui eût fait venir à ses pieds tous les *Villemain*, tous les *Cousins*, tous les *Quinet*, qui sont à présent sur sa tête.

« Et quelles sont, après tout, les quelques *monstruosités* reprochées par M. Clausel à ces quelques livres de l'Université? et à propos desquelles il dit : « Il n'y a que l'*Enfer*, dites-vous, qui ait intérêt à étouffer notre cri contre l'Université. » Quelle imprudence, quelle pauvreté, de parler, à propos de rien, et sans le prouver, ne fût-ce que par un trait, du dogme le plus effrayant et le plus *odieux* (aux

---

(*) Et même de la *Théologie* classique de M. Bouvier. Plusieurs propositions que le *National*, le *Siècle*, etc., en ont citées, ne sont pas même explicables. Et cette révélation, si susceptible de rendre l'épiscopat et même le catholicisme odieux, est encore une conséquence des premières imprudences d'un premier évêque et de sa descente de la *Chaire* et du *Mandement*.... dans le *Journalisme.*

Les hommes du Clergé qui font, de la meilleure foi du monde, le plus de mal politique, sont les abbés fondateurs, ou plutôt *rénovateurs*, et en apparence, de

---

incrédules) de la religion ! — Ce qu'on appelle le *panthéisme*, que MM. les clairvoyans de l'*Univers* et M. l'abbé *Maret* voient partout, comme le ferrailleur espagnol partout voyait ses ennemis dans les *moulins à vent*, et qu'aveugle, moi, je ne vois nulle part, à sa recherche que je suis ! Encore hier, M. Cousin vient de l'attaquer publiquement dans une thèse , et d'en rire avec plus d'autorité et plus d'utilité que M. Clausel ou M. Desgarets.

« M. Clausel précise les *monstres imaginaires*, et, par exemple, les *monstres* suivans : —*Dieu est à la fois Dieu, nature et humanité.*—*La Raison humaine est le Verbe fait chair, Dieu et Homme tout ensemble,* etc. Mais je ne voudrais que ces mots de l'*Office du Dimanche*, où M. Clausel envoyait sa *Lettre* à tous les journaux, pour expliquer et même traduire ces *monstres* en latin magnifique : *Unus Deus et pater omnium, qui est* SUPER OMNES, ET PER OMNIA, ET IN OMNIBUS NOBIS.

«C'est donc, il faut le dire, dans son imagination trop ardente pour un vieillard, et surtout pour un évêque, que M. Clausel a trouvé le *panthéisme* qui n'exista jamais. Ce n'est pas même le déisme, qui est partout, et partout dangereux: car du déisme à une foi pratique et à la charité, il n'y a, en temps et lieu, qu'un pas. Ce qu'il y a de dangereux, c'est l'insuffisance (pire que l'apostasie) du prêtre et de l'évêque de Dieu. C'est surtout la façon et les paroles imprudentes et hautaines de l'évêque, et non l'innocente *Université*, qui sont *une plaie*, pour parler comme M. Clausel, d'*une malignité et d'une profondeur incalculables* , et qui mettraient, si elle pouvait y être, *toute la société en feu.*

« Les livres de MM. Michelet et Quinet sont certes plus spirituels et aussi consciencieux que les attaqués de l'*Univers* (qui les célébra jadis comme des enfans gâtés). Et M. Clausel, qui a lu et dévoré les pièces des deux procès, a-t-il pu dire, des uns seulement, ces paroles injustes : « Ils cherchent à réchauffer des passions éteintes « au fond des cœurs, à renouer les fils, à remettre en jeu les ressorts d'*une comédie* qui, « une fois jouée avec succès, n'a *plus rien* à attendre, du moins après les premiers mo- « mens de surprise, que le *dégoût*, l'*indignation* et les *sifflets.* »—Là se trouve , et non dans les écarts vrais ou faux de tel ou tel professeur, *égaré* à sa façon, comme M. Desgarets, *pour la France une question de vie ou de mort.* — « On cherche *à nous effrayer* « par des menaces qui prouvent, ajoute M. Clausel, qu'on ne sait point *à quel esprit nous* « *appartenons...* appris que nous sommes à soutenir des regards plus terribles que ceux « des *agens d'un parti* qui se flatte toujours d'un effroyable triomphe, *mais qui a perdu* « *le secret de vaincre.* » Ce dernier mot est plus hardi et plus innocent que tous les autres.. Les jésuites, et par contre-coup les évêques (l'église, la religion ne connaissent pas de défaites), seront *vaincus* de nouveau par leur faute comme toutes les sortes de *vaincus.* Et la principale faute que nous leur sachions , c'est de se laisser défendre et compromettre par de sots ou faux amis, et de paraître faire , et quelquefois de faire de malheureux et ruineux journaux.

Congrégations religieuses : — Don *Guéranger*, par exemple, le *bénédictin* de
Solesmes, lequel approfondit... la *liturgie*, et invoque, à grands cris, et *subitò*, la

---

« Que signifie enfin cette parole de M. Clausel : «La charte n'est-elle pas là pour défendre les jésuites? » Comme si *la Charte* la plus *Vérité* pouvait défendre ce qui semble
seulement l'attaquer *elle-même !*

« Mais voici venir au grand-maître d'une Université impossible trois disciples hardis jusqu'à l'audace, comme tous les disciples d'un maître imprudent :—Et Monseigneur de Lyon
qui s'écrie, au moment où un chanoine de Lyon et l'*Univers* de Paris disent qu'une
grande *majorité de professeurs* sont *panthéistes* (ce qu'il croit synonyme, et ce qui est
le contraire d'*athées* !): « Si le loup entre dans le bercail, si un professeur venait distiller
dans de jeunes cœurs son poison, je regarderais la *présence d'un aumônier dans un collége comme une dérision.* Je ne serai pas contraint, j'espère, d'en venir à de telles *extré-
mités*, etc. » — Et M. de Langres qui répète, en conséquence : « La présence de l'Aumônier augmente le mal au lieu de produire le bien...; — l'Evêque ne doit pas se *faire complice* d'un tel état de choses ; — il doit *secouer la poussière de ses pieds* sur les colléges,
etc. » — Et M. de Châlons à l'*Univers*, en l'assurant de *sa très-parfaite considération* :
« *Ce n'est qu'une suite de la comédie de quinze ans, laquelle en aura bientôt trente,
et qui n'est plus si jeune maintenant.* On fera ce que dit Monseigneur de Lyon, on sup-
primera l'aumônier.... *Rien* de plus Sage. »

« Comme si, au contraire, plus il y avait de *loups dans le bercail* et de professeurs
athées dans les colléges, et plus l'Évêque ne devrait pas y laisser, et y envoyer, et choisir
ses ecclésiastiques à la fois les plus habiles et les plus aimans ; et plus, en temps et lieu,
il ne devrait pas y aller lui-même, et ne *secouer la poussière de ses pieds* qu'en son palais ! Que faudrait-il penser d'un prêtre, d'un évêque, de l'église, et même du christianisme tout entier, si le premier était homme, et le dernier chose à craindre la *concurrence*
d'un professeur quelconque ? Et la religion catholique qui, à toutes les époques, a triom-
phé des plus grands hommes dissidens, reculerait-elle devant des professeurs dont les
Rollins eux-mêmes ne sont que des hommes médiocres? Je le dirai avec effroi, et
je ne crains pas d'être contredit,... si un aumônier, dont la mission est de militer contre
les loups ravissans de sa bergerie (qu'il en a laissé échapper peut-être) en était venu
au point d'éluder le combat et de n'être pas digne de la victoire, j'irais jusqu'à concevoir
qu'un Recteur catholique habile (celui de Nancy peut-être), prît l'initiative pour le mettre
à la porte de son collége et pour y mettre l'abbé Lacordaire par surcroît !

« Vous citez l'Évangile à l'appui de votre prétention, inouïe, j'ose le dire, dans l'histoire
tout entière du christianisme et de l'église ! C'est une audace et une impiété rationnelle à
ajouter à une impiété administrative. Avez-vous donc oublié que le Sauveur avait d'autant plus à cœur de visiter une famille, de demeurer dans une maison, qu'elle était plus
prostituée ? Et qu'eût-il fait si, au lieu d'un mauvais sujet d'homme, il y eût eu des *en-*

Romaine, sans songer seulement à ôter, des Esprits de toute la France, la haine de tout ce qui est *Romain;* — de ce que M. l'Abbé de Genoude appele, comme ce

---

fans gâtés déjà? lui qui aimait, qui appelait plus que tous à lui les petits enfans ! ! !

«Si jamais, ce qu'à Dieu ne plaise, la question du retrait des aumôniers et de l'abandon des colléges, posée véritablement entre les évêques de France, était résolue par eux affirmativement, elle se résoudrait, le lendemain, dans le fait d'un schisme *au petit pied* , qui pourrait, de conséquence en conséquence, être suivi du grand ; et *la comédie de quinze ans*, *laquelle en a bientôt trente*, se transformerait en *tragédie* de quelques jours , où les quatre évêques en question , s'ils se trouvaient sur la scène, expieraient noblement , je n'en doute pas, une erreur grosse d'horreurs !

«Je sais bien que Monseigneur l'Évêque de Châlons , en même temps qu'il écrivait une *Lettre* sardonique à l'*Univers* , publiait et *gravait sur sa tombe* pour l'immortalité un *Mandement* sublime *sur le Dimanche*.... Mais je sais aussi, et encore mieux, que le plus grand homme et le plus vertueux , lorsqu'il n'est pas canonisé, est un *grand mystère de contradiction;* — qu'il défait souvent la nuit, comme Pénélope, ce qu'il a édifié le jour ; —que les petites vérités, les petites vertus tuent les grandes;—et qu'un prêtre qui se refuse à réfuter, ne fût-ce que par une muette présence, un impie de collége, fait cent fois plus de mal public et même privé que son Martyre même ne saurait faire de bien... En sorte que la plus belle *épitaphe,* et la plus sûre, que puisse imaginer un évêque pour sa tombe n'est pas celle adoptée par M. de Prilly : *Sanctifiez le Jour du Seigneur* ; car le *Dimanche* n'est, après tout , qu'*un culte*, c'est-à-dire un des *moyens* , seulement universel, de la *Morale* (et surtout en faveur des enfans, l'*unica spes* de la patrie), laquelle seule est un *Objet.*

«L'épitaphe d'une *outre-tombe* superbe et humble à la fois, c'est : «*Sanctifiez* les Ames que *le Seigneur* a faites à son image, et qu'il a rachetées de son sang.» La sanctification des âmes, elle, c'est toute la morale et l'unique moyen de salut des évêques.

«Je sais encore que Monseigneur de Lyon a cru expliquer, et peut-être désavouer sa première *Lettre* par une seconde, où il dit : *Ma mesure ne frapperait pas le collége comme la foudre*, et ce ne serait qu'*en voyant le mal croître tous les jours.* Par là, il aggravait son imprudence et sa faute; car c'est lorsque *le mal s'accroît* que le remède ou l'aumônier et l'Évêque et le *Cardinal* sont plus nécessaires.... Il est vêtu de *Rouge*, en signe de son devoir de *revêtir le sang* sous le coup des athées , dont il répondrait peut-être sans cela !

« La *réplique* du bon, spirituel et original M. de Prilly (mais on pardonne *tout* en France à l'*Esprit*) est encore plus infortunée que celle de M. de Bonald. « Mon *dessein*, dit-il, n'était pas d'excéder mes droits , ayant bien assez de *mes affaires* , sans me mêler de *celles d'autrui*.» — «Le *dessein* ou *l'intention* la plus pure, lorsque le jugement est en défaut, n'est que le plus sûr moyen de faire parfaitement *bien* le plus grand *mal*», répondait, y a bientôt deux siècles, un homme qui avait encore plus d'esprit et de vertu que M. de

qui est *Anglais : étranger* —Et surtout le *Père Lacordaire*, qui, plus mal inspiré encore, a choisi l'Ordre qui eut toujours le moins de chances à s'établir en France , par le seul préjugé du mot : *Inquisition*, dont saint *Dominique* est le Législateur, Savonarole le *Jacobin*, et *Jacques Clément* le *Sanson*.

Châlons : M. de Genève !—«On m'a jugé sur un *fait* tout de *ma compétence*, et sur lequel il n'appartient à *personne* de m'interroger. » —Quoi! ni votre métropolitain, le savant et ultramontain archevêque de Rheims! — Ni les soixante-dix évêques qui gardent un silence improbateur sur vos Lettres *militaires*, au lieu d'être *militantes!* —Ni le Souverain Pontife, qui est présent réellement en France, non par internonce, mais par Nonce Apostolique, et qui lui aussi, se tait, et je le sais, continuera de se taire!—Le *silence* du premier Pasteur de l'Église est encore mieux apparemment la leçon des pasteurs secondaires, que le *silence du peuple la leçon des rois.* — « Si des enfans *se présentent* à mon tribunal, je saurai d'où ils viennent... Je jugerai s'ils sont dignes ou non des sacremens. • Je défie un casuiste, même relâché, je défie surtout un jésuite d'approuver cette proposition ! Le seul fait de la *présentation* d'un enfant à votre *tribunal* est mille fois plus probant de la bonté de l'âme de l'enfant que sa sortie du plus mauvais collége ne le serait du *venin de son intelligence*, pour parler comme vous. — « Moi *excommunier les enfans*, qui courent à ma rencontre quand ils me voient?... » C'est que vous ne *feriez* pas ce que vous *dites* , et que dans votre *querelle d'allemand* à l'Université (tant soit peu allemande pourtant), votre esprit est la dupe de votre cœur. Un évêque ne saurait jamais avoir de défauts que celui d'une qualité ; mais c'est précisément le plus grand. — « Quand *un vice* veut s'établir, il doit, selon l'ordre de la Providence, trouver un *homme d'opposition* ; et *cet homme, c'est l'Évêque.*» Sans doute, mais hormis le cas, que vous ne nierez pas , où le *vice* part de l'Évêque... Quelquefois, il est parti, non de l'Église Infaillible à jamais, mais du Pape, en tant que *personne!* — Le *Gallion* des *Actes des Apôtres*, que vous opposez au Conseil d'État qui a condamné votre lettre, est un juge, et saint Paul un accusé assez mal choisis par vous : car il s'agissait au procès des juifs à Paul , et vous l'avouez vous-même , d'un *point en litige*, non dans la loi politique ou civile des juifs, mais dans *leur créance ;* et, dans l'innocent procès que l'innocent Conseil d'État vous a fait à vous innocent, il s'agit d'un point *clair comme le soleil à midi*, et de pure administration. — « Ces réflexions, ajoutez-vous enfin , ne peuvent offenser *personne;* à moins qu'il ne soit plus permis de *parler.* Alors comment aurait-on dit au Prophète : *Clama, ne cesses?* • Vos *réflexions* ici, Monseigneur, offensent, malgré vous, tous les évêques sages, et même tous les hommes, et tous les enfans : — il vaut mieux se *taire* que parler mal, ou *faux*; et l'Esprit-Saint qui a dit au Prophète de crier *sur les toits* les vérités de paix, a défendu apparemment à l'*Evêque* et à son faux et fol *Univers* de *déclamer.* — A cela près, Monseigneur, nul plus que moi ne vous estime et même ne vous aime; car je sais, et c'est un de vos nobles et savans grands-vicaires en ce moment à Paris qui est venu chez moi me l'apprendre, «Vous avez sur votre bureau, comme *pièce de cabinet*, le *Prêtre devant le Siècle* •

Les meilleures choses, en effet, ne sont, encore une fois, que les pires dans leurs *abus*, précisément parce qu'ils sont les meilleurs dans leur usage. Un nou-

---

où se trouve rappelé le mot d'un Prophète et même de tous les Prophètes : *Sicut Populus, sic Sacerdos*.

« En somme, le plus petit défaut des *Lettres* de MM. Clausel, de Bonald, de Prilly, de Parisis contre l'Université , c'est de ne pas faire réformer l'Université ; — leur second, c'est d'irriter, à la fois, l'Université, le gouvernement, les *majorités*, et avec eux, ce qui est pire, le plus grand nombre de journaux, contre des *minorités* plus ou moins innocentes ; — le dernier et le pire, c'est de mettre à nu *les divisions* qu'il y a, dans l'Église de Paris et dans celles de France, sur les *questions de vie ou de mort*, comme les appelle M. Clausel, celle des Ordres religieux et de l'Enseignement ; et , au lieu d'intervenir en médiateurs pacifiques, comme ferait Fénelon, de *jeter de l'huile sur tous les feux* mal éteints de la France.

« Les *Lettres* épiscopales décèlent et produisent à la fois les contradictions , les divisions, les haines, grosses de toutes les divisions et de toutes les haines des fidèles , entre les journaux spéciaux du clergé, l'*Univers* et l'*Ami de la Religion* : l'un Ultramontain en religion, et libéral en politique ; l'autre Gallican (*), dynastique et royaliste.

« Si encore les Évêques s'entendaient ! mais, voyez, sur la seule question politique, ils ont comme trois principes : *sur, pour et contre*. — Les uns, comme Monseigneur *Raphaël*, Évêque d'*Ajaccio*, écrivent leur *mot* à M. de Broglie, Calviniste : « .... Il ne resterait plus à proposer que le *choix du genre de trépas dont il faudra mourir.... Nous ne voulons être Libres qu'à la condition de l'être avec tout le monde*, nous confiant à la Providence pour l'heure où il lui plaira de *nous Affranchir tous*. Veuillez agréer , M. le

---

(*) On a vu la contradiction portée jusqu'à la simplicité dans le conflit entre le nouveau *Bénédictin* de Solesme et les Archevêques de Paris et de Toulouse entre autres , relativement à la liturgie : —Le premier, qui la veut *Romaine* partout, les autres qui la demandent *gallicane* et même *diocésaine* ; l'*Univers* soutenant mal le Bénédictin toujours ; *M. Henrion* plus mal encore, les archevêques le jour, et le Bénédictin le lendemain. —Et d'abord, le débat devait être stérile. —Ensuite, la question, ici encore, était inopportune ; et ce n'était guère le moment où il s'agit peut-être pour l'Église Gallicane d'être ou de n'être pas, qu'il fallait prendre pour savoir si l'*antienne* d'un office ou seulement *sa prose* était plus orthodoxe ou même *classique* à *Rome* qu'à *Paris*. C'était quasi rappeler les ergoteurs de Constantinople qui discutaient *de la gloire du Thabor*, lorsque Mahomet II était aux portes de *Sainte-Sophie*. Le ridicule en religion , ou seulement l'importance donnée aux petites choses, est la plus terrible des Hérésies.

vel Ordre, ou un renouvellement d'Ordre, ou plutôt le premier venu, seul, qui
prétend le fonder, et en être le *Supérieur* apparemment ; est censé dire, tout

---

duc, l'hommage de la *très-haute* considération, etc., X. - T. Raphael, *Evéque d'A-jaccio.* »

Mais il y a aussi tel autre Évêque qui, pour éviter le mal du parjure direct ou indirect, est tombé dans le mal, plus grand peut-être, de l'*indifférence en matière de religion*, sous le nom de conduite de... *neutralité entière.*

La *Gazette de France* leur a répondu, mais mal : « Ainsi, M. l'évêque de Montpellier veut priver de leurs droits de citoyeus les *prêtres qui sont électeurs* ; le serment que les curés ont prêté ne les laisse pas libres de voter *selon leur conscience.*» — Les *Prêtres* selon l'Église, et même selon le monde, et dans le sentiment même de leur dignité, ne doivent pas plus être *électeurs* que *députés* et *pairs de France*, par la même raison qu'ils ne doivent pas être *juges* publics, l'étant secrets. Et c'est dans ce sens que l'Évêque de Montpellier a pu dire : *Restons au pied de la Croix.*

Mais ce que n'a pas pu dire l'Evêque de Montpellier à ses curés, par cela seul que cela n'est pas même *possible,* c'est de *demeurer entièrement neutres* dans une lutte électorale. La *neutralité* est le vice, le péché capital contre lequel le Sauveur lui-même s'est le plus élevé, dans le plus divin de ses *Sermons* : celui *sur la montagne* : « *Nul* ne peut servir deux maîtres, car, au fond, il en haïra un, au moins :

Nemo potest duobus dominis servire : aut unum odio habebit, et alterum diliget, etc.
— Et ailleurs, aux *Pharisiens* : Celui qui n'est pas pour moi est contre moi : *Qui non est mecum, contrà me est.* Et *tout* royaume, *toute* maison, tout *homme* surtout divisé contre lui-même, périra : *Omne regnum divisum contrà se desolabitur : et omnis civitas vel domus divisa contrà se, non stabit.* (matth., xii.) — La *neutralité,* en effet, par qui que ce soit, pour qui que ce soit, n'est pas même possible, par la raison toute simple qu'elle supposerait, ce que Dieu n'a pas voulu, une vérité et un homme quelconques *indifférens.* Elle supposerait, en matière d'élections de députés, appelés, et quelquefois s'appelant à faire et par conséquent à défaire des rois, à faire même, et par conséquent à défaire une Église, que le Roi et même que l'Évêque sont sans importance : ce que M. de Montpellier n'a certainement pas voulu dire, ce qu'il a encore moins pensé ; et ce qu'aussi il n'a pas fait ; ce qu'il a même violé, avec toutes les apparences de l'avoir accompli :

Car, en dernière analyse, à qui M. de Montpellier fera-t-il croire, ici-bas plus que là-haut, qu'il n'a point, par sa circulaire, voté *ex-Cathedrá*, pour le Roi, dit-il, *auquel le lient d'augustes et solennels sermens,* contre M. de Larcy, qui paraît avoir prêté les siens à un roi différent? Seulement, vous avez voté lâchement,.. presque en parjures pour votre roi, et M. de Larcy, lui, a voté à la face du soleil pour le sien,... se croyant *loyal* (selon sa devise), et renvoyant la *honte* à qui de droit.

En principe, en dogme, en fait, s'il n'y avait dans un diocèse qu'*un* homme obligé de dire et de *crier sur les toits*, au risque de se tromper et de tromper le plus, le mieux

4

d'abord, et au moins à chacun de tous les ordres anciens et à tous les Ordres :
« Vous êtes *insuffisans*, et je veux, Moi seul, vous remplacer tous. » — C'était
hardi, même à saint Benoît et à saint Dominique. — Et cependant, Benoît, au

---

éligible pour député, ce serait l'Evêque : car c'est une question de morale, de religion, encore plus que de politique, de sa compétence, ou rien n'est dans sa compétence. Il doit répondre, ou plutôt laisser dire et donner à penser : *Le Plus Fidèle*, à la question : *Quel est le plus Digne ?*

Tard venant, et pour cause, l'*Évêque d'Evreux*, qui n'est pas du Perron, dit, contre tous les autres évêques : « *L'état si satisfaisant du diocèse* ne m'a pas paru exiger de votre évêque un acte *public*, comme ont cru devoir le faire *le plus grand nombre* de mes vénérables collègues dans l'épiscopat. A l'exemple de *plusieurs* autres prélats, j'ai préféré des rapports *confidentiels* avec *S. Exc.* M. le ministre des cultes. J'ai la confiance que le clergé du diocèse d'Evreux continuera à se montrer toujours plein de calme, de réserve et de *dignité*. C'est le but de ma présente communication. »

L'évêque de Montpellier demande l'*indifférence* au Clergé;—l'évêque de Langres la demande à l'Etat. Et le *Semeur*, habilement protestant, et M. Pelet de la Lozère, et la Chambre de s'en prévaloir: «D'après la liberté des opinions et des cultes, dit le Prélat, les *croyances appartiennent aux particuliers*, tandis que l'état est et doit être, en fait de croyances religieuses *surtout*, *dans une indifférence*, et même, constitutionnellement, dans une ignorance *complète* : » — Ce qui est horrible.

Mais la plus grande faute, conséquence ou accessoire, du Clergé, c' 'avoir paru accepter, favoriser le plus faible, le plus présomptueux, le plus équivoque, le plus faux, le plus isolé, le plus impuissant (j'ai lu dans ses *armes*, suicides et désespérantes : *N'espoir ne peux*) de ses défenseurs politiques : M. de Montalembert.

Ses titres de Pair et de Grand Seigneur, sans lesquels on n'eût pas même remarqué ses écrits ou ses discours politiques, sont précisément ce qui doit aussi les rendre à l'oubli : car toute noblesse oblige, mais aussi condamne à plus.

Je ne voudrais, pour le juger, que son grand *précédent*, son péché d'origine. —Son éducation, sa religion *Lamennaisiennes*, qu'il a, on peut le dire, exagérée, et voulu reprendre en sous-œuvre, et s'approprier, en la *niant*, purement et simplement, le lendemain du jour où il l'avait professée.—Sa doctrine perverse, subversive, révolutionnaire, impie, et, ce qui est pire, contradictoire, hypocrite, et sotte par conséquent, de la *Religion* et de la *Liberté*, et, pour parler leur argot, de la *Liberté comme en Belgique*.

La *Religion* (et je ne connais, comme M. Guizot, dans un écrit *ad hoc*, de Religion *liée* et *liante* que le Catholicisme!), c'est la soumission et même la foi à *toute* puissance, lorsqu'elle *peut*, lorsqu'elle existe, par cela seul qu'elle ne nous commande pas le mal et ne nous interdit pas le bien. — La *Liberté*, au contraire, telle que l'enseigne et l'appliquerait, au besoin, M. de Montalembert, la *Liberté* de la vieille Réforme Protestante, et qui ferait honte à la nouvelle, c'est la Liberté... de l'*Insurrection* ! —Et voilà pourquoi il s'est

nom Bénit, qui trouvait des *Saintes* à canoniser dans sa noble et riche famille, s'appauvrissant avec lui ! Benoît, à 18 ans, avait déjà passé trois années dans les plus grandes austérités de la vie des premiers chrétiens, et il vivait au plus grand siècle (le quatrième) des vertus et des lumières du Christianisme ! — Et cependant saint Dominique , au nom Dominateur, dont le père était Noble, le frère aîné Saint , et le cadet Religieux comme lui (sa famille entière se

---

épris pour les *Mérodes* (gentilshommes, ou plutôt *gens* libres de ce genre), de toutes les sortes d'amour ; et réciproquement.

O'Connel au petit-pied, Caricature-O'Connel, à la puissance personnelle, et surtout à l'Irlande près ; — et, après tout, sinon tout autant ami, au moins tout aussi utile, plus utile cent fois à la dynastie nouvelle, et moins coûteux que M. Dupin, contre lequel, mieux avisé, celui-ci devait se garder de lancer un *Réquisitoire* officieux, ne le pouvant officiel !

Je ne veux que l'exposé du nouveau Lamennaisianisme de cette petite secte dégénérée, par le *Catholique Belge,* pour le rendre « *hideux* » comme l'a dit M. de Genoude :

« Que dit le premier article de 1682? Je vous demande, messieurs , la permission de vous le citer; peut-être ne l'avez vous jamais vu. Il dit : « Que les rois ne peuvent être déposés ni directement ni indirectement par l'autorité des chefs de l'Eglise; que les sujets ne peuvent être dispensés de la soumission et de l'obéissance qu'ils leur doivent , ni absous des *sermens de fidélité.* Et Bossuet, dans son discours sur l'unité de l'Eglise, qui sert en quelque sorte de préambule aux quatre articles , s'exprime ainsi : *Unité de l'Eglise dit : Nul prétexte ni nulle raison ne peut autoriser les révolles.* — Si, comme vous le dites, les quatre articles de 1682, auxquels *personne ne pense plus* parmi le clergé et les fidèles (j'y pense plus que jamais, moi, et je *défie* même le Cardinal Lambruschini, et surtout un Evêque, de signer un mot qui en suppose l'abandon), sont à vos yeux réellement la loi de la nation, voici un moyen de le prouver : *Déclarez que vous n'y nommerez pas d'autres prêtres que ceux qui adhèreront publiquement aux quatre articles.* — Eh ! *vous savez bien que vous n'en trouverez pas, que vos siéges* resteraient *à jamais* (ce n'est pas vrai) vacans, et alors pourquoi nous objecter sans cesse les libertés gallicanes? *Arrière à jamais ces libertés,* qui ne sont jamais invoquées que contre nous et par nos ennemis,... par *ces légistes* chez chacun desquels on trouve toujours soit *un républicain,* soit *un courtisan,* suivant les circonstances. »

Je n'aime pas, on le sait , les *légistes* du palais, mais je haïrais, s'il était permis de haïr, les *légistes* de Sacristie, les pires de tous ; et M. de Montalembert en est un, lequel, commencé par Lamennais, ne finira pas comme *Mérode,..* par le *martyre.*

Voyez déjà les conséquences quasi-*pratiques* ! «Je n'exagère pas, écrit à l'*Univers* l'*Instituteur Catholique,* M. *Audin,* avec audace, si je dis que, pendant son trop court passage, les *catholiques s'arrachaient* M. de Montalembert. A peine descendu *à l'archevêché,* six cents personnes, spontanément réunies, saluaient son arrivée. Elles ne voulaient pas se séparer de lui, et il a fallu qu'il s'échappât pour aller à la cathédrale assister au saint sacri-

faisait *Dominicaine*, comme celle de saint Bernard s'était faite Cistercienne), au lieu de solliciter, lui , portait l'heroïsme jusqu'à déchirer publiquement une do- nation faite à son ordre naissant et pauvre par un riche de la ville ! — Comment voulez-vous que les membres des Ordres divers ne se jalousent pas réciproque- ment? Les Ordres eux-mêmes , dans les meilleurs temps , se firent des guerres, quelquefois cruelles ! — Et les *Bénédictins* (*), si bien commencés , si bien con- tinués dans toutes les parties de l'univers, s'étaient finis eux-mêmes, et eux seuls, divisés en *Saint-Germain-des-Prés*, en *Blancs-Manteaux*, en *Prémontrés*, en *Feuillans* , en *Saint-Maur*, etc., et surtout en *Jansénistes*, lorsque la révolu- tion expiatrice vint constater leur fin , et même leur apostasie.

---

fice de la messe. A son retour de l'église, il a été reçu par Mgr le cardinal, qui était *re- venu en hâte de la campagne* pour offrir à *l'enfant aimé (gâté)* de l'Eglise , l'honorable hospitalité de son palais.

« Je ne sais si je m'abuse, M. le rédacteur, mais je crois que désormais les *conseils éner- giques* donnés par M. le comte de Montalembert à tous ses frères de France seront *prati- qués* dans cette *ville importante*. »

Celui qui écrit ces lignes est l'*Historien de Luther* et de *Calvin*. . .

Le plus Calvin ici *n'est pas celui qu'on pense.*

Et le chef des *Néo-Croisés*, le petit *Saint-Bernard* (M. de Montalembert composé depuis dix années une *Histoire* du grand, qu'il gâtera certainement, comme a fait son vrai maître (Châteaubriand) Rancé, de tout laisser entendre (car, timide, il n'ose dire tout) à ses six cents *néophytes* de la *ville affranchie* par Fouché : «Il *est temps* pour les catholiques de *descendre*, comme catholiques, dans la vie publique, pour y défendre sans *arrière-pensée* la plus belle des causes. Dans un pays où la *liberté* et l'*égalité* sont de droit commun, *nous voulons* cette liberté, cette égalité pour nous; nous les voulons sincères et *complètes*, *rien* de plus ; mais aussi, QU'ON LE SACHE BIEN, *rien* de moins. »

Le Clergé n'est pas moins imprudent, dans le choix de l'homme de son *Univers*, que dans celui de l'Homme de sa *Tribune*. M. *Veuillot* publie, en même tems que son acerbe *Ultra-montanisme*, sa quasi-scandaleuse... *Honnête Femme.*

La dernière faute grave du clergé, c'est, au seul propos d'un avocat (M. Persil), de se mettre laborieusement en branle dans ses quatre-vingts diocèses, pour s'entre-flatter , s'en- tre-unir politiquement, et par conséquent se *séparer* un peu plus de ses ennemis, et même se diviser un peu plus de ses chefs, et de lui-même.

(*) Les Dominicains, eux, pour être plus éclatans, n'en furent que plus funestes ou mal- heureux. Je ne voudrais que les réhabilitateurs , les canonisateurs cavaliers de *Savonarole*, depuis Pic de la Mirandole jusqu'à M. de Montalembert, pour justifier, et selon l'Église et selon le monde, la condamnation de cet enfant gâté fameux de saint Dominique. Noble et Prêtre, il était le *boute-feu* de la République de Florence, qu'il ne trouvait pas assez répu-

Le Clergé et l'Episcopat veulent-ils ici une autorité et une raison sans réplique? Voici celles du grand Bourdoise, dont il a fait, à la Montesquieu, un Chapitre à part, de quatre lignes : « Il n'y a rien de meilleur que les Communautés ;
« et rien de pire que les Communautés. Si une Communauté n'est bien établie en
« une *parfaite* humilité, pauvreté et dépendance, elle fera, dans ses commence-
« ments, peut-être pour dix écus de bien, mais à la fin elle fera pour dix mille
« écus de mal. » Et Adrien Bourdoise, eut pour mission, dit Fénelon, « d'*Echauf-
fer tout Paris* et toute la France d'un amour religieux et ecclésiastique, que le
Saint-Esprit avait gravé dans son cœur avec des traits de flammes. » Et on a pu
mettre au bas de son buste :

Hic fuit Elias More et Clamore Joannes.

Ore Nathan, Curâ Paulus, Amore Petru.

Et tant de calamités cléricales, laissant échapper, entretenant ou paraissant

---

blicaine, et le Patriote ne faisait pas difficulté d'appeler jusqu'à l'étranger à sa Réforme ;
— vrai Luther, lui aussi, longtemps avant Luther. Cependant il publiait un Traité *Dè la
Simplicité Chrétienne.* Il fut *dégradé* par le Général de son ordre et par son Évêque à la
fois. C'était assez. On y ajouta le supplice du feu : ce fut une faute, et, il faut le dire, un
crime ajouté à un crime; et le crime à la fois de l'Inquisition Dominicaine, et de la Puissance
Temporelle d'Alexandre Borgia. — L'Ordre de Saint-Dominique n'a pas produit que ce
Jacobin rouge, en *Robe Blanche.* — Et, pour ne parler que des plus célèbres, les deux *Soto,*
qui, de jardiniers, devenus confesseurs de Charles-Quint et de Philippe II, ne surent pas
même arrêter la main infanticide de dessus la tête de l'enfant,... auquel ils avaient *Dédié* leur
Traité *du Droit et de la Justice!* — Corranza de Navarre, archevêque de Tolède, autre
Confesseur de Charles-Quint, et le conseiller d'État de Philippe II contre les hérétiques
d'Angleterre, auteur d'un Traité contradictoire *de la Patience,* fut... accusé, à son tour,
et condamné en 1575, comme Luthérien !

Et puis vint ce Lemos, à la *Poitrine de fer* contre les *Molinistes,* dans la Congrégation
De Auxiliis, lequel a figuré, dès-lors et depuis, dans le catalogue des insurgés Spiritualistes,
avant le fameux Evêque d'Ypres. — La plupart des derniers Dominicains renommés de
France, ont fini et même commencé Jansénistes : — *Contenson,* à la petite *Théologie du
Cœur;* — *Gonet,* à la grande, en cinq in-folios; — *Noël-Alexandre* (il se rétracta, lui);
— *Serry,* etc.; — et ce *Lambert,* de la petite et dernière Église anti-concordataire de nos
jours; — et *Fabricy,* d'Aix, auteur de savantes *Recherches sur l'Equitation.* — Ce-
pendant, le Grec de Scio, *Mamachi,* dévouait sa plume et son zèle à la condamnation des
Jésuites, au milieu de la *Cour* présomptueuse et inquisitoriale de Clément XIV.

Mais l'Ordre des *Dominicains* a, en Espagne ou en Italie, saint Dominique, saint Vincent Ferrier, saint Pie V ; il a surtout saint Thomas d'Aquin; et cela suffit, et au-delà, pour
le justifier et le faire tolérer en France,.... même dans ses enfans ridicules.

entretenir la calamité qui les constate, et les entretient à son tour, le pire des journalismes religieux, lorsqu'il n'est pas le meilleur : le sacerdotal (*).

(*) Les *Ecclésiastiques journalistes* furent, à toutes les époques, les pires : — *Photius*, le grand schismatique, fit paraître comme journal sa *Bibliothèque* informe, et se trouva le fondateur du journalisme religieux ; — continué à distance, dans le *Journal des Savans*, par l'*abbé Sallo*, conseiller-*Clerc* du Parlement, remplacé par l'*abbé Gallois* ; et celui-ci par l'*abbé la Roque*, et enfin par l'*abbé Bignon*, dégénéré dans l'*abbé Bigre* et l'*abbé Dupin*. — Cependant, l'*abbé Siri* fondait le *Mercure* ; — l'*abbé Visé* (prêtre marié), le *Mercure galant* ; — le *Carme Jacob*, bibliothécaire du cardinal de Retz, la *Bibliographie Parisienne*. — En Hollande, c'était un Bénédictin marié, l'abbé *Gueudeville*, qui rédigeait l'*Esprit des Cours*. — Le XVIIIe siècle est descendu encore à cet égard : les ex-*abbés Boursier, Dinouart, Roche*, publiaient, inventaient ces *Nouvelles Ecclésiastiques*, qui couvrirent d'opprobre les... *jansénistes* du temps. — Les moins mauvais journalistes étaient l'*abbé Raguet*, l'un des précepteurs de Louis XV ; — cet *abbé Desfontaines*, qui irritait Voltaire, au lieu de le corriger ; — cet *abbé Aubert*, singe de Lafontaine, et auteur d'une *Psyché* ; — cet *abbé Bourlet* (Vauxelles), voué à *Sévigné* ; — l'*abbé Royou*, l'*Ami du Roi*, oncle de Fréron, le général fameux, et le châtiment du *journaliste*, plus voltairien qu'il ne croyait, etc., etc. — Gros de ces *abbés Cérutti*, *Tondu*, etc., que nous avons vu ailleurs se confondre avec les plus hardis révolutionnaires...

Les derniers *abbés* de la Presse n'ont pas dégénéré de leurs devanciers : — Ayant à leur tête les hommes de la rue des *Prêtres*, lesquels ont donné leur nom au journal des *Rabats* : — *Geoffroi*, le *Jupin* des acteurs et des actrices de l'Empire ; — *Feletz*, se disant noble de Brives-la-Gaillarde, le petit censeur parfumé du *Pape* du comte de Maistre, et le promoteur servile de *Villemain* ; — *Duvicquet*, successivement *maître de quartier* de Robespierre à *Louis-le-Grand*, Volontaire républicain, Secrétaire de la *Commission de la Commune Affranchie* (la ville de Lyon) ; Secrétaire-général de la Justice à son retour ; aux Cinq-Cents, provocateur de la violation du *Dimanche* ; et enfin *avocat* et directeur des *Débats* (V. la *Biog.* de MM. Etienne, Jay et Jouy) ; — *Noël*, autre *Maître de quartier* de *Louis-le-Grand*, missionnaire de la République en Hollande, où il se maria ; *Traducteur Complet de Catulle*, et enfin éditeur de *Leçons de Morale* ; — *Mercier de Saint-Léger*, éditeur de la *Bibliothèque des Romans* ; — *Mutin*, du *Bureau d'Esprit public* de la Restauration ; — *Salgues* ; — *Guillon de Montléon*, *Labouderie*, derniers *Echos du Jansénisme* mourant ; — *De la Messangère* (car il avait été prêtre et se croyait encore *noble*,) fondateur du premier *Journal des Dames* et de la première *Mode de Paris* ; — *Colnet*, fils d'un *Verrier de Quincangrogne*, et grand vicaire de l'évêque *constitutionnel* de son endroit, mort en un trou de libraire du quai Voltaire, à Paris ; — M. de *Genoude*, l'imperturbable ; — l'abbé *Juste*, aujourd'hui repentant ; — *Foisset*, mort jeune, de la *tristesse* Lamennaisienne ; — *Ganilh*, l'*Emile Girardin* malheureux de

De là surtout les haines générales et locales, déjà pires que sous la Restauration (on peut affirmer qu'il n'est peut-être pas une commune en France où le

---

la presse de sacristie à *quatre francs par an*; —*Migne*, l'ex-curé fondateur de l'*Univers-O'Connel*, et des *Cours complets de Montrouge*, transformés, dans l'opinion publique, en *Messes* sacriléges (*V.* le *Constitutionnel* du 23 Août 1844). (*)

Je ne sache, et il n'y a, en effet, de Journal utile, et même il n'en est désormais de *possible* (on *verra bien* dans quelques années !) que celui qui serait fondé et rédigé dans les vues et avec les principes du *Manifeste de l'Église Romaine* ; — de Journal possible par un Ecclésiastique, et surtout par un Prélat Romain, Camérier du Souverain Pontife, qu'avec la permission *ad hoc* par le Souverain Pontife. — Mgr Veyssière est depuis long-temps, tout jeune qu'il est, l'un des membres les plus habiles du clergé de France. Il est à la fois éloquent comme orateur, élégant et logicien comme écrivain. Il est surtout tolérant et spirituel. Le monde même lui a porté bonheur; et sa fortune, il veut la rendre à Dieu, qui la lui a donnée. Les mœurs diverses de la chrétienté lui sont connues. L'*Ami de la Religion*, le plus petit et le plus rare des journaux religieux, en est aussi le plus important, eût-il moins de lecteurs que tous les autres : car c'est par lui qu'on croit pouvoir juger la religion, dernier juge en définitive de tout le reste. Il a été fondé, élevé dans l'opinion par le célèbre abbé de *Boulogne* ; compromis sans doute dans sa rédaction, dans sa science, dans sa politique, et surtout dans sa philosophie, par les deux derniers directeurs. Mais enfin, il est demeuré, en général, ou il a paru plus grave, plus vrai, et plus honnête que les autres journaux. Le nouveau Directeur est aussi capable de le grandir que M. de

---

(*) Les *abbés* des *Gazettes* de provinces sont encore plus étroits, étant plus à la suite des autres : —*Bonafoux*, à Marseille ; —*Axinger*, de l'*Observateur du Rhin*; —*Gaillard*, à Bourges, etc., etc.—N'avons-nous pas ouï dire à ce *Gaillard* : «Mon genre, mon triomphe, c'est l'esprit pour les salons, *on m'y dévore*. »

D'autres prêtres, plus ou moins *solitaires*, qui ont une autre prétention qu'à l'*esprit pour les salons*, ont manqué l'esprit pour le Sanctuaire. Les ecclésiastiques, par cela seul qu'ils sont, et qu'ils s'avouent jusqu'à s'intituler, *du second ordre*, ne sauraient reprendre ceux du *premier*. Ils sentent le *Mal Social*, mais ils n'ont pas qualité pour faire, et ils ne sauraient, par un *journal*, faire le *Bien*. (Seulement le pire *mal* n'est pas celui qu'on fait *mal*.) Nous sommes, à quelques égards, de leur sentiment, à toute la *forme* et à tous les *moyens* près. Ces MM., et tous les frères *Allignol* des *Paroisses* de France sont personnellement, et même littérairement, les petites fautes de l'Episcopat, qui retombent, comme il est juste, sur lui. — Les journalistes de l'*Univers*, de la *Gazette* (Son seul numéro du *Dimanche* soir est la violation, par un *Prêtre*, de la plus grande *Loi* de la Religion universelle, selon Laplace lui-même, dans son Système du Monde), etc., sont les grandes fautes des Prélats, celles surtout que nous avons réprimées, en les montrant. Il fallait opter entre la mort de nos anciens amis et celle de la religion. Nous n'avons pas balancé : *Potiùs amicum quàm* Religionem *perdere*.

prêtre, qui a un ennemi, ne l'ait plus acharné que tout autre), contre les Ordres religieux, et par conséquent, et par contre-coup, contre les évêques et même contre les curés et les desservans ; —et ce qui est pire que les haines, les mépris ou les indifférences. — La seule confrontation des attaques et des défenses de l'Université hors des chambres et dans les chambres (*) a fait plus de mal au

---

Boulogne de le fonder; il l'est même davantage : car si celui-ci était capable de défendre la bonne et belle cause, il ne passait pas, dans toutes les classes de la société, pour avoir le droit de le faire. Et comme le temps actuel est plus difficile en religion, il est aussi plus aisé que le précédent. En moins de quelques semaines, l'*Ami de la Religion*, décrédité depuis des années, s'est trouvé transformé. Il avait, il se faisait de plus en plus des ennemis nombreux dans tous les partis; il n'aura plus guère que des adversaires : et comme il saura que la Religion, essentiellement amie, n'a même de ceux-ci que par ses malentendus ou ses fautes, il les redressera avec douceur, et peut-être avec efficacité. — L'*Univers*, au contraire, étant *quotidien*, de *religieux* deviendra *politique*, et bientôt passionné, injuste et commercial ; — l'*Ami de la Religion* périodique, comme les *Villes et Campagnes*, et obligé de *choisir* encore mieux que lui, ce qui est *gouverner* à la longue, dans le journalisme comme dans le reste, de *politique* deviendra surtout Religieux, ou *Apologétique*, le seul et le dernier moyen, pour le Clergé, et surtout pour les fidèles, d'être utiles.

(*) Il n'est pas jusqu'à MM. *Quinet* et *Michelet* qui n'aient eu raison d'esprit, et qui n'aient *paru* avoir raison de logique contre *Vatimesnil*, et même contre le *P. de Ravignan*. Et, en vérité, on dirait que la Providence ait voulu neutraliser ses imprudens *amis*, en leur infligeant jusqu'à des *noms* qui sont quasi des *fins de non recevoir* contre l'écrivain : Desgarets, Vedrine, Carle, Combalot, Rohrbacher, Souchet, Cochar, Couchou, Cahour, Peschour, Poulet, etc.

Dans l'ordre législatif et gouvernemental, la comparaison est encore plus terrible contre le parti Clérical : — M. de Broglie, calviniste aimable, comme M. Guizot l'est peu, a su se faire *payer*, par l'Archevêque de Paris et celui de Langres, qu'il avait effacés et refaits, un tribut d'admiration pour le talent qui a rédigé son beau travail. — Et il n'est pas jusqu'à MM. Cousin et Villemain qui n'aient fait justice des catholiques lus ou moins ralliés : le vieux Séguier, et Boissy, Beugnot et *Barthélemi, moyen-âge.* — Et M. Dupin, le *Légiste de Cour*, comme le nomme M. de Montalembert, n'a eu besoin, pour écraser le petit *Manifeste* néo-*catholique* de celui-ci, que de lui répondre le seul mot vrai, mais *intéressé* du *sien* (qu'il a pris dans un de mes ouvrages). « De ce qu'une force dont l'action est supérieure à toutes les autres, *une force majeure*, irrésistible, que parfois aussi on a nommé divine (Vis Divina), brise *à certaines* époques les trônes et les dynasties; de ce qu'une nation qui exerce une action toute temporelle, agissant sur elle-même *à ses risques et périls*, s'avise quelquefois de changer ses propres lois, et de secouer le joug des gouvernemens qui ont abusé de leur pouvoir ; de ce que tous ces changemens, maintes fois *accomplis* dans le cours des siècles, deviennent légitimes et passent,

Clergé, et par conséquent à la Religion, que ne leur ferait de bien la *liberté* et même le monopole *d'enseignement* qu'ils demandent.

Et voyez-le dire au Clergé avec une autorité dédaigneuse et humiliante, par un Protestant qui triomphe: «Les honorables membres qui ont soutenu la cause contraire à celle que je défends, ont fait, si je ne me trompe, depuis un mois, *une grande expérience*. Ils peuvent voir, par les faits qui se sont passés dans cette enceinte, *dans le pays tout entier*, que si le gouvernement avait de graves, de véritables écarts à réprimer de la part du clergé, il ne manquerait ni de *points d'appui*, ni du concours public. — Je le répète donc : le gouvernement du roi

---

aux yeux de l'Église elle-même, *pour l'œuvre de Dieu* (Omnis Potestas à Deo) , s'en suit-il que le Pape puisse être réputé le collègue de la souveraineté du peuple, et qu'il puisse lancer sur les rois et sur les nations les foudres du Vatican, à l'exemple et par imitation des foudres révolutionnaires ?—Seulement, il faut apprendre à M. Dupin, qui ne sait ici que la Loi, qui *lui va*, de la *Providence* contre les Dynasties qui pèchent par *confiance*, il faut lui rappeler la *Loi* dont il se doute, et qui lui fait peur, de la *Providence* contre les Dynasties qui pécheraient par ingratitude, et surtout contre la Magistrature, qui pécherait par insolence.

Il n'est pas jusqu'à M. Passy, l'*Économiste* pur et simple, qui n'ait eu raison sur M. de Montalembert, et surtout, sur les innocens Jésuites. Et pourtant, il a cité, comme un *Crime de la Presse*, inexpiable, un jugement vertueux du père Loriquet, sur la catastrophe de *Moscow*, que Benjamin Constant, Châteaubriand, Lamennais, Louis-Philippe, dans une *Lettre* imprimée, et Bonaparte lui-même avaient porté avant lui, et que Montalembert n'a su ou osé ni avouer ni désavouer : « Pour trouver une catastrophe qui y soit comparable, il faut remonter jusqu'à Pharaon , et aux 600,000 Égyptiens engloutis dans la mer Rouge. Que si l'on veut se rendre attentif aux vues de la Providence, on reconnaîtra dans le désastre des Français le châtiment des dévastations, des massacres, des sacriléges, des atrocités de toute espèce, dont se rendait coupable depuis vingt ans cette armée recrutée d'enfans de la Révolution, et dévouée moins encore par obéissance que par habitude et par goût à tous ces genres de crimes. La justice divine s'en était servie pour promener la terreur et la désolation sur toute l'Europe. Dès que cette verge redoutable eut rempli sa mission, elle fut à son tour brisée par le souffle du Tout-Puissant, et elle disparut de la terre. Si l'on considère de plus que Dieu avait sur la France et sur la famille de saint Louis (et sur la *Dynastie* d'Orléans, peut-être), des vues de miséricorde, on concevra sans peine qu'il entrait dans l'exécution de ses desseins de les délivrer l'une et l'autre d'une génération impie et sanguinaire, qui, après avoir dévoré l'Europe, aurait dévoré son propre pays, et éternisé la domination du tyran dont elle étayait la puissance et servait les fureurs. » — Ce que le *Siècle*, à la suite de 400 mille lecteurs par jour, disait encore hier, dans ces paroles mémorables : « Les Grands Criminels portent avec eux une espèce de prédestination qui leur fait surmonter tous les obstacles, qui les fait échapper à tous les dangers, jusqu'au moment que la Providence, lassée, a marqué pour l'écueil de leur fortune impie. »

5

aime la religion, il aime l'Eglise, il aime le clergé, il veut sincèrement leur force, leur prospérité, leur dignité, leur progrès ; *mais il ne les craint pas.* » — « Il veut sincèrement la force de l'Eglise et du Clergé ?... » Je le crois bien. Que serait sa *force* à lui-même, la force d'une *légitimité commencée,* sans celle de l'Eglise, qui ne *commence* et ne *finit* jamais, celle-là ?

« Mais *il ne les craint pas.* » — C'est qu'en effet le Clergé n'est jamais à craindre, lorsqu'il est bon ; et encore moins, lorsqu'il ne l'est pas... — Après cela, convoquez (sur *un* mot de M. Persil... de la Monnaie !) les *bans* et *arrière-bans* de vos Curés, de vos Vicaires, de vos Paroissiens... pour vous donner un peu de fade encens politique... Laissez-vous appeler *Nouvel Irénée,* lorsque vous n'êtes pas même *Bonald*... C'est le bon moyen de faire, contre vous et le Clergé, haine ou pitié un peu plus.

Et cependant, les deux apôtres, sur le Verbe et la Vie desquels tout le Sacerdoce, tout l'Episcopat, toute l'Eglise reposaient, et plus que jamais reposent, saint Pierre et saint Paul, ont dit à *chacun* des membres de l'Eglise et par conséquent à *tous,* le second, dans son *Epître* à son cher Disciple *Timothée* : « Il *Faut* que l'Evêque force même l'infidèle au respect ; » — et dans celle à son cher Tite : « Il faut que les paroles de l'Evêque (et à plus forte raison ses *lettres* et ses *articles* de journaux) soient *irrépréhensibles,* et qu'on ne puisse *rien* dire de mal de lui : *Verbum.... irreprehensibile ; ut is, qui ex adverso est, vereatur, nihil habens malum dicere de nobis.*» — Et saint Pierre, dans sa première *Epître,* la plus magnifique, et par la même proposition : « ... Soyez soumis au Roi et à ses Ministres..... Allez et parlez si bien en *faisant le bien,* que vous *fermiez la bouche* à vos ennemis les plus *ignorans* et les plus *imprudens.*» *Ut benè facientes obmutescere faciatis imprudentium hominum ignorantiam... Regem Honorificate.* (Ce qui est bien autrement que *respecter*).

Mais il nous faut, et il est facile, par de grands exemples et par l'Histoire Ecclésiastique, au point de vue de la plus haute Théologie, de montrer et de démontrer, par Dieu lui-même, toutes nos vérités. — Il châtie, pires que tous les autres Prêtres infidèles, les Papes de ce genre, dont nous avons déjà vu ailleurs l'historique. — Nombre de Papes du Nom de *Jean,* malheureux pour les Pontifes comme pour les Rois. (Les deux derniers *Jean* de Rome, XXII et XXIII, furent, l'un fameux dans le XIII° siècle, comme fils de cordonnier et médecin de Cahors, comme auteur de Traités physiologiques de la *Goutte,* du *Fœtus,* etc., et comme avare ; et l'autre, par sa prise dans les *Filets* de Constance.) — En quelques années du seul X° siècle, on a vu Jean X, créature de *Théodora* la Jeune, et Pape... militaire, — Jean XI, bâtard, on a dit de Sergius, assassiné en prison par sa mère et son frère. — Jean XII, élu, à 18 ans, par son père Patrice de Rome : déposé par un Concile « pour avoir paru l'*Épée au côté,* la *Cuirasse sur le dos,* et le *Casque sur la tête ;* donné à ses maîtresses le gouvernement de plusieurs villes », et surtout pour avoir *Juré sur le Corps de Saint Pierre* une fidélité inviolable à l'Empereur Othon, qui l'avait délivré de Bérenger, tyran de l'Italie, avec le fils duquel il se ligua de nouveau contre Othon; — rentré à Rome par violence, et faisant couper la *langue*, le *nez* et les *doigts* aux moteurs de sa déposition; mais aussi, et presque tout de suite, assassiné par un mari qu'il avait outragé. — Dans le siècle suivant, un Benoît IX, Pape à 12 ans, par la force et l'or du Comte de Tusculum, son père; revendeur et racheteur de la Tiare; — et mort enfermé.

Terribles et consécutifs Précédens de Grégoire VII.

Grégoire VII ne pouvait guère être bon, ni l'héritier de celui qui ne faisait pas plus de bruit que la *mèche qui fume encore*, lui qui, après avoir été, après s'être avoué la créature de l'Empereur Henri IV, donna sitôt lieu à celui-ci de le faire saisir, à Sainte-Marie-Majeure même, au moment où il disait la Messe à l'Autel! — Ni guère humble, puisque, fils du *charpentier* Hildebrand, et ex-*moine* de Cluni, il voulait mettre à ses pieds tous les souverains de la Chrétienté : ce qui ne fut que le parfait moyen de rendre anti-chrétienne la Chrétienté. — Le plus petit de ses malheurs, si c'en fut un, ce sont les affronts, les guerres, les attentats, les exils au milieu desquels le souverain Pontife vécut, et même mourut : car ce n'est point à Rome qu'il lui fut donné de passer ses dernières années, et de fermer les yeux, mais à Salerne, où le repentir en a fait un vrai saint ; ce qui lui fit dire ces belles et dernières paroles : *Odivi iniquitatem, propterea morior in exilio.*

De Grégoire VII à Borgia, la relation et la distance étaient celles de l'orgueil à la volupté.

Ce *Borgia* se nomma visiblement *Alexandre,* comme le Cardinal guerroyant *Julien* de la Rovère affecta de se nommer *Jules.* Il est l'exemple type de tout ce qu'il y a de *Mal* dans le *Bien* et de *Cynisme* dans les *Apostasies.* On eût dit que toutes les grandeurs naturelles, sociales, politiques et religieuses n'aient été pour lui que des moyens des Sept Péchés Capitaux. *Alexandre VI* fut le précurseur, le type, le père putatif de cet *Henri VIII*, qui devait, si peu d'années après, faire trembler les Mœurs, la Foi, et par conséquent, les Trônes, à l'autre extrémité de l'Europe, et qui nous semble un innocent auprès de son maître. — Son élévation, il faut le dire, son *intrusion*, fut d'abord l'orgueil et l'iniquité de sa grande famille, les *Borgia* d'Espagne. Son oncle, élu Pape en 1455, sous le titre de Calixte III, le fit Cardinal et même Archevêque de Valence et Chancelier la même année.... — *Sixte IV*, autre Pape, aussi fameux par sa basse extraction, que les Borgia par leur haute, et qui fut odieux par son népotisme, confirmant l'iniquité de Callixte, acheva de perdre le Cardinal Borgia en lui donnant l'Ambassade d'Espagne.

Ce fut alors, et même avant, que commencèrent la vie impudique et la vie despotique qui ne l'empêchèrent point de parvenir au Pontificat. « Alexandre eut, dit Feller lui-même, d'une dame romaine, nommée *Venoza* (nom expressif comme le sien), quatre fils et une fille, tous dignes de leur père. César, le second, fut un monstre de débauche et de cruauté. La voix publique l'accusait, lui et son frère, le Duc de Candie, de s'être disputé les faveurs de leur sœur *Lucrèce*, et l'accusa, lui, d'avoir tué et jeté son rival dans le Tibre. Le Pape, qui l'idolâtrait, malgré tous ses vices, employa toutes sortes de moyens pour hâter son élévation. Il le nomma Cardinal, et même Archevêque de Valence, à sa place. Meurtres, assassinats, empoisonnemens, simonie , on lui impute tous ces crimes. Il trompa presque tous les Souverains de son tems. Il engagea Charles VIII à conquérir le Royaume de Naples, et quand il s'en fut rendu maître, il se ligua avec Maximilien pour le lui arracher. Louis XII rechercha l'alliance de ce Pape, dont il avait besoin pour casser son mariage avec la fille de Louis XI. »

Alexandre Borgia (on dirait qu'*orgie*, etc., en viennent), comme homme privé et comme homme d'état, était assez criminel. (Comme *Pape*, il est remarquable *et miraculeux* qu'il ne le fut jamais.) La Providence devait se complaire à proportionner le châtiment visible des crimes d'état ultramontains à leur scandale européen. Alexandre VI fut puni principalement par le mépris et l'indignation publics au milieu desquels il vécut. Il fut puni surtout là où il avait péché d'abord : dans ses bâtards exécrables. Guichardin rapporte qu'en 1503 «*Alexandre* et *César*, voulant hériter des Cardinaux Corneto, etc. , prirent par mégarde le poison qu'ils leur avaient préparé; que le premier en mourut, et le second n'échappa à la mort qu'en se faisant mettre dans le ventre d'une mule. »

Quoi qu'il en soit de quelques circonstances de cette double fin du père et du fils, *César* fut, s'il est possible, pire qu'Alexandre.—C'est une honte à notre *Louis XII* de l'avoir fait Prince Français et *Duc de Valentinois*.... Mais je lui pardonne de lui avoir donné la main d'une d'*Albret*, dont le nom allait bientôt se trouver l'égal en honte de celui de *Médicis*. Sa vie comme capitaine, comme homme d'état, et même comme prélat et comme homme, est un long réseau d'orgueil et de volupté, d'avarice et de cruauté , d'audace et de perfidie. « Un cardinal qu'Alexandre avait fait passer par les charges les plus lucratives de Rome fut trouvé mort dans son lit; et Borgia recueillit sa succession de plus de 80,000 écus d'or », dit Feller. Mais à la fin, emprisonné en Italie par Jules II, l'ennemi personnel et le successeur d'*Alexandre* et de *César*, et, en Espagne même, par ordre du roi d'Aragon : réalisant, mieux qu'il n'avait pensé, sa devise, *aut Cæsar, aut Nihil* :

> Borgia Cæsar erat factis et nomine Cæsar ;
> *Aut nihil, aut Cæsar*, dixit, utrumque fuit.

Secouru de Jean d'*Albret* son beau-frère (qui mourut peu après de douleur et de ridicule), il alla, en dernier lieu, mettre le siège au château de Viana en Navarre, aux ides de *Mars*, fatales à son modèle, et fut tué le lendemain...., sans laisser de postérité, comme il arrive communément aux grands *mauvais sujets,* *et surtout* aux usurpateurs (*).

Les Crimes de Borgia sont aussi constatés qu'horribles ; ses crimes à distance ne le sont pas moins. On peut y voir, on doit y voir, sans les excuser assurément (car tout se suit, s'enchaîne, *s'occasionne*, et même se *cause* dans les gouvernemens), les fautes et les malheurs des règnes pontificaux ultérieurs ; — et surtout le Luthérianisme, le Calvinisme, l'Anglicanisme tout entiers : — Et les *dates* sont, là, éclatantes, pour le prouver. Le Pontificat *licencieux*, suivi immédiatement du pontificat *militaire* de Jules II, qui finit à l'année 1513, et du pontificat *littéraire* et *artistique* de Léon X, fermé en 1522, ouvrent le seizième siècle, que la triple réforme de *Luther*, d'*Henri VIII* et de *Calvin* finit. — *Luther* naquit en 1484, l'année même de l'intrusion d'Alexandre VI. Il fut envoyé par l'Ordre des Augustins, dont il était membre, à Rome en 1510: c'est-à-dire l'*année même* que *Jules II*, créature et ennemi personnel d'*Alexandre Borgia* (qui avait commencé sa carrière comme Cardinal par la guerre d'Ombrie, dont il fut le Général, et qui n'était parvenu au Saint-Siège que par la force, à l'aide de *César Borgia*, et au préjudice de notre illustre Cardinal d'Amboise),... venait de donner les Etats de Naples à un roi d'Espagne, et de se liguer, et avec Henri VIII contre la France ; et où cinq Cardinaux indignés contre le Pape venaient de quitter Rome pour se retirer à Milan.—Henri VIII, monté sur le trône l'*année précédente*... , et ligué avec *Jules* II contre la France, où il vint gagner la *bataille des Eperons* en 1513, avec Jules qui venait de déclarer la *Navarre* des d'Albret *au premier occupant*, ne manqua point de motifs pour mépriser le Pape, dont il apprit la mort, la même année !—*Calvin*, lui, fils d'un *Procureur—Fiscal*— de l'*Evêque* de Noyon, était venu au monde l'*année même* de l'avénement d'Henri VIII, le *Luther Anglais* ; — nommé *Chapelain* à 12 ans, et *Curé* de *Pont-l'Evêque*, sans être prêtre, ne manquait pas non plus de prétextes pour se moquer des évêques et des papes ; et pour s'en aller étudier le *Droit Romain*, au lieu du droit canonique, à *Bourges*, sous Cujas.

Jules II n'était guère homme à imposer au Triumvirat... des Réformateurs.

(*) Les Papes et même les Rois d'Espagne et de Naples les plus hardis n'eurent pas même la faculté de donner impunément de grandes charges aux meilleurs et aux plus innocens *Borgia* ultérieurs !... Le dernier Cardinal de ce nom terrible, nommé par Pie VI *Dictateur* de Rome, la veille de l'invasion de l'armée de la République française à Rome, fut peutêtre l'une des plus grandes *occasions* du mal de l'Italie à cette époque. Pie VII, plus prudent, se contenta de mettre le Cardinal Borgia, plus archéologue et même marin (il a publié une *Histoire Maritime des États du Pape*) qu'homme d'État, à la tête du *Collége Romain*...

Il fallait que ce *Jules* (qui se nomma ainsi de *Jules César*)... fût bien inique
et bien ambitieux : notre *Bon* Louis XII alla jusqu'à faire frapper contre lui des
Médailles avec ce mot : *Perdam Babylonis nomen.* Il mourut aussi de chagrin ,
en 1513 , avant la fin du Concile de Pise , par où il espérait voir finir ses malheurs et ceux de l'Église.

Les maux de l'Église et des États étaient immenses, et éclatans. Le *Sacré Collège*
ne vit, n'imagina pour y remédier, et pour remplacer *Julien* Rovère , *Jules* II,
qu'un pontife à peine sorti de la jeunesse,—poëte léger,— chantre de *Cléopâtre*,
— nommé Cardinal à 13 ans,— et qui, peu auparavant , avait été fait prisonnier
par les Français à la bataille de Ravennes ; — et le *Julien* de ces *Médicis* (nom
originaire de *Médecin* pourtant) qui avait gâté l'Italie, et failli perdre la France.

Ce n'était pas de nature à faire reculer les trois schismatiques in *petto*, ou
déclarés : Luther, Henri VIII, et Calvin.

C'est en 1513 que fut élu Léon X. Ce Pontife, il nous faut le dire, a fait, ou
a laissé faire à l'Église tout le mal que n'avaient pu ou su faire ses terribles
prédécesseurs immédiats : *Clément* V , *Alexandre* VI , *Jules* II , et *Benoît* XIII ,
le faux *Pape*, sous six Papes vrais : le mal *Littéraire*, *Artistique* et *Philosophique*.
Son entrée triomphale à Rome eut lieu, par une coïncidence néfaste, le jour
même qu'il avait été fait prisonnier à Ravenne, et monté sur le même cheval. Le
commencement de son Pontificat fut signalé, et comme maudit , par une cons-
piration contre lui et contre l'Italie , ourdie par des Cardinaux, dont l'un,
Petrucci, fut étranglé en prison par son ordre ; un autre, Bandinelli, enfermé à
perpétuité. Un troisième racheta sa tête à force d'or. Pour se venger, le *Lion de
la Forêt* (*Napoléon*, en grec), comme on fait en ce siècle des *Pairs* , par un coup
d'État inoui dans toute l'histoire de l'Eglise, créa 30 *Cardinaux* nouveaux,... et
la plupart de sa famille.

«On le vit, dit Feller, trahir, tour à tour, François I⁰ʳ et Charles Quint, quelquefois par des *Concordats*. «

Léon X est le premier Pape qui eut une *Cour* proprement dite, et plus somp-
tueuse cent fois que ne fut celle de Louis XIV ; et qui *brisa* , on peut le dire ,
avec les mœurs épiscopales et chrétiennes. Il est le créateur, le Roi, de ce *Luxe*,
qui, descendant du prince au grand , du grand au magistrat, du magistrat au
bourgeois, du bourgeois à l'artisan, est la plus grande cause de la lèpre des so-
ciétés modernes , le *Paupérisme* forcé, au lieu du volontaire, qui devait exister
partout, et surtout à Rome. — Le créateur et le Roi de cette *Littérature* creuse,
qui , sous le nom de *poésie* , de *roman* et même d'*histoire* philosophique (*), fait
sortir toutes les Etudes, toutes les Intelligences , toutes les Mœurs , toutes les
Classes, des labeurs, des travaux *réels*, les seuls utiles et salutaires.

(*) Il appartenait à un *homme de lettres*, à un *libraire* retiré du commerce, de composer,
avec des livres, sans critique, et sans le premier mot de philosophie, sous le nom d'*Histoire*

Quoi qu'il en soit, Léon X vécut malheureux, mourut jeune, et probablement du poison , dit Feller lui-même,... l'année même qu'il venait d'anathématiser Luther, et de proclamer, par une Bulle (qui n'était pas *infaillible*, celle-là), *défenseur de la Foi*, celui qui allait en être le fléau, sous le nom exécré d'Henri VIII.

Que vouliez-vous que fît contre une telle succession *Léonienne*, une telle dégradation apostolique, le vertueux, mais trop savant Pape Adrien, sorti d'aussi bas lieu (Utrech, où son père était pêcheur), que Léon X était né de haut?... Il ne fut qu'un moment sur le *Saint-Siége*, par lequel il voulut remplacer le Trône ; et ce fut durant ses faibles efforts que le Second de Luther, le prêtre Carlostad, se maria, pour ouvrir le branle à Luther l'année suivante, et qu'on vit surgir en France, à Meaux, et brûler à Metz le premier calviniste avant Calvin, le fameux Pierre Leclerc.

Que pouvait surtout que redoubler les maux de l'Église et des états, après le bon et fugitif Adrien, le nouveau *Jules II*, le bâtard de *Julien de Médicis*, l'ex-*Chevalier de Rhodes*, déclaré *légitime* par Léon X, fait par lui *Cardinal de Médicis*, comme pour hériter de la thiare patrimoniale? Aussi le voit – on se liguer d'abord avec les Anglais contre l'Espagne et l'Autriche, ses alliées naturelles ; et puis, par une politique opposée, excommunier le Roi, et par contre-coup l'Eglise d'Angleterre. Mais aussi voilà que le pontife-Roi voit la guerre des *Anabaptistes* mettre à feu et à sang l'Allemagne ; la Suède, etc., échapper à Rome encore mieux que l'Angleterre;... Luther se marier, comme avait fait Carlostad. —Et c'est aussi *Julien* qui voit, ce qui ne s'était pas vu depuis Attila, sa Rome, plus superbe que jamais, assiégée par toute la Chrétienté quasi à la fois, ayant à leur tête le Connétable de Bourbon et Charles-Quint lui-même ; — sa Rome pillée, saccagée, et surtout profanée. « Les soldats impériaux luthériens, dit Feller, s'étant saisis des habits du pape et de ceux des cardinaux, s'assemblèrent dans le conclave, revêtus de ces habits, et après avoir dégradé Clément, ils élevèrent à sa place Luther. Le pape, assiégé dans le Château Saint-Ange, n'en sortit qu'au bout de six mois, déguisé en marchand. Il fut obligé d'accepter toutes les conditions qu'il plut au vainqueur de lui imposer. Henri Spelmann, protestant anglais, dans son *Histoire des Sacriléges*, attribue ses disgrâces à la facilité avec laquelle ce pape se prêta à la suppression de monastères, demandée par Wolsey. »

Le dernier malheur du dernier *Médicis* de l'Italie, et l'un des plus grands de la France, fut son entrevue avec François Iᵉʳ, à Marseille, où il infli-

---

de Léon X, un panégyrique ridicule, et précisément des effroyables défauts d'un Pontife, qui ne fut remarquable que comme *Roi*.

L'homme de lettres méritait (et il a obtenu) l'*Éperon d'Or*, mais pas l'*Ordre de St·Grégoire*, Pape aussi Grand que Léon X fut petit.

gea au duc d'Orléans, qui fut depuis Henri II, son effroyable Catherine de Médicis.

Le siècle, qu'on pourrait appeler des crimes d'État et de Religion, n'était guère, ou plutôt il était éminemment, celui des *Indulgences*.

Autres temps, autres mœurs papales. Par une coïncidence providentielle, Rome, comme la France, eut son Louis XIV au 18e siècle. Seulement elle l'eut, si on peut le dire, *en deux* : Innocent XI, et *Alexandre* VIII, des deux le pire, et aussi le dernier de ce nom Payen, Grec, et fatal au monde.—Le premier, qui commença par être Militaire, faisait, autant qu'il était en lui, comme Roi (non certes, comme Pontife), et sous prétexte de *Régale* et de *Franchises* d'Ambassades, la guerre à Louis XIV, comme pour venger les autres états des guerres injustes de Louis XIV, lequel eut le tort de se venger à Rome même..... *Manu Militari*, par son *Lavardin*. — Le roi de Rome *Innocent* eut le tort, plus grave, de paraître se venger, en 1689, dans la Ligue des souverains contre le roi de France, par l'effet immédiat de laquelle la cause des Stuarts d'Angleterre *fut à jamais perdue* (*voyez* seulement l'Ultramontain Feller, qui n'est pas ici suspect.) — Innocent paraît même avoir eu, comme Pape, le tort *relatif* de ne savoir pas prévenir la fameuse Déclaration de 1682, et de lui jurer une guerre à mort, jusqu'à refuser, toute sa vie, l'institution canonique aux Prélats qui l'avaient signée, et laisser, à sa mort, jusqu'à 30 Églises en France sans Pasteurs ! «Le Mal dont on ne se repent pas en mourant tranquille dans son lit, dit un Père de l'église, on l'eût fait toute l'éternité, si on eût vécu l'éternité». — Alexandre VIII, qui voulut continuer, exagéra l'abnégation de son prédécesseur. Il vécut, il mourut aussi en refusant l'agrément des Evêques nommés par Louis XIV, qui la lui demanda avec plus d'instance et de prières que jamais, qui lui rendit même le Comtat d'Avignon pour l'obtenir. Cependant il scandalisait Rome elle-même des excès de son népotisme.

Mais voilà aussi qu'il régna à peine deux années, et qu'il fut frappé même d'un précédent de mort mémorable, qui ne lui ouvrit pas même les yeux : « Comme les appartemens d'été en Italie, pour être plus frais, sont enfoncés dans la terre de manière que pour voir par des fenêtres il faut monter deux ou trois marches, le Pape voulant profiter de l'avis qu'on venait de lui donner, *monta ces degrés* ; mais *il oublia de les descendre ;* si bien qu'il tomba de la hauteur de ces marches et de toute la sienne sur des carreaux de marbre, et si rudement *qu'on le crut mort*. On courut à lui promptement, mais on le releva si froissé, et avec de telles douleurs qu'il fallut au plus vite le porter dans son lit où il resta, etc. (*Mémoires* de Coulanges) (*).

(*) « Le Pape éprouva cet accident *le jour même* qu'il avait fait exécuter *à mort* un *jeune homme de vingt ans pour avoir résisté avec violence aux sbires. Le peuple* ne manqua

Il faut bien admettre que les Papes *Innocent* et *Alexandre* se trompèrent, en ce qui concerne 1682 : car leur Successeur immédiat, Innocent XII, en même tems qu'il abolit constitutionnellement leur népotisme infâme, s'empressa de nommer à tous les siéges vacans de l'Église Gallicane, et mourut, plein de gloire et de jours (87 ans) la dernière année juste du plus grand siècle de l'Europe ! — Comme le plus grand Pape, au plus long règne du 18e siècle, Clément XI a canonisé précisément le bon Benoît XI, qui avait signalé son avènement par l'abolition des *Bulles* de *Boniface* contre le Roi de France !

Il diffère assez de *Léon X*, Grégoire XVI, fils, non de Roi, mais d'un pauvre *pêcheur* de Bellune, et sans doute aussi dans sa jeunesse pêcheur lui-même, à la façon des premiers *Apôtres*;—non Guerrier, mais Religieux austère des Camaldules, c'est-à-dire des Trappistes d'Italie; — non ami, amant des Arts séducteurs, encore moins de la poésie légère, mais studieux et savant dans la première et fondamentale des sciences, la *Théologie ;* — Auteur du *Triomphe du St-Siége, contre les novateurs, battus par leurs propres armes;* — Cardinal, non de grandeur, mais de mérite..., et de nécessité ; — Elu Pape, comme par acclamation, et par miracle, l'un des plus grands jours de l'Eglise (le jour de la *Purification*); — Et continuant la vie austère de sa cellule, jusque dans les Palais du Vatican. « Celui dont le chef auguste est ceint de la triple couronne, et dont l'autorité s'étend sur toutes les nations, dit l'abbé de Geramb, couche à côté d'un lit magnifique, sur une pauvre couchette où il n'y a qu'une paillasse. »(Si j'étais curé, et surtout évêque, je tremblerais de coucher sur un lit de plume.)

Et, comme Pontife, Grégoire XVI a-t-il dit un mot, et fait un acte, qui suppose la hauteur? — Sa *Bulle*, la plus sévère en apparence, celle de la Russie, est, au fond, un cri de miséricorde pour la Liberté de la Pologne.— Sa plus sévère *Encyclique*, contre le *Lamennaisianisme*, est une sorte de Foudre contre le pire de l'*Ultramontanisme*, celui qu'on pourrait nommer le *Voltairien*. Celui renouvelé en ce moment, avec hypocrisie, par Montalembert. — Sa Diplomatie connue, vis-à-vis du nouveau Gouvernement de la France, est presqu'un hommage rendu à la Liberté des Francs de 1830. — Dans le conflit entre le Gouvernement et l'Épiscopat, ne voyant pas la Foi intéressée, a-t-il paru seulement vouloir donner raison plutôt à l'Eglise qu'à l'Université Gallicane? — Sa congrégation de l'*Index* elle-même n'a pas Flétri un livre, que la sagesse morale et le bon goût lui-même n'eussent flétri avant.

---

pas de dire que Dieu punissait le Saint-Père de sa trop grande sévérité. Cet exemple était cependant devenu *nécessaire*, car 182 *assassinats* avaient été commis à Rome pendant le dernier Conclave. (*Histoire des Conclaves*, tome II.) » — Il ne fallait rien moins qu'un *Président d'Assises*, et de *Chambres d'Accusation*, en 1820, pour dresser et écrire de telles *innocences...* coupables.

Et si son gouvernement religieux et son gouvernement politique avaient vraiment fait autre chose qu'avertir deux Français, ce ne seraient pas deux hommes de Juillet, M. Guizot ou M. Cousin, mais bien deux Ecclésiastiques : l'*abbé* Lamennais, et l'*abbé* de Genoude.

Mais le bonheur aussi de Grégoire XVI paraît égaler sa bonté. Sa santé et même sa force semblent grandir avec son âge et son zèle. Et son esprit naturel, je dirai volontiers français (il a aussi et surtout son cœur à *la France*, qu'il nomme *son bras droit*) suppose la tranquillité et l'amour inné de Dieu en son âme. Le jour de son élection , un de ses domestiques étant venu lui demander comment il voulait être servi ? *Crois-tu*, lui répondit-il, *que mon estomac ait changé?* — Une de ses parentes, qui était à la veille de marier sa fille, aurait bien désiré venir à Rome, afin que Sa Sainteté célébrât au moins le mariage : *Elle a son curé*, dit le pontife. — La place de Grand-Bailli de l'Ordre de Malte étant vacante, place qui rapporte cinq mille écus romains, on vint en députation chez le Pape pour le supplier de vouloir bien permettre qu'on la lui offrît pour son neveu : — *J'accepte avec plaisir*, répondit-il, *mais pour le Cardinal Odescalchi.*

En sorte que nous pouvons dire, dès aujourd'hui, au Souverain Pontife vivant, ce que l'Histoire dira de lui après sa mort :

> Qui scriptis Cathedræ Romanæ jura tuetur
> Doctrinâ, ingenio, menteque primus erat.
> Quique Petri sedis calamo celebravit honores
> Ille Petri solium jure locumque tenet.

En sorte que *Luther* et *Calvin*, les rudes ennemis des Papes mauvais (car comment concevoir qu'ils eussent haï Pie VI et Pie VII, par exemple ?) n'ont pas dû , sinon mourir, au moins vivre plus malheureux que ne firent les mauvais Papes, Léon et Jules de *Médicis*.

Le récit de la vie et de la mort de *Luther* ne sera suspect à personne ; il n'est ni d'un Jésuite, ni d'un Abbé , il est..., et littéralement, de M. Michelet lui-même , dont les seuls *Mémoires de Luther* seront, et sont déjà, plus utiles à l'É-glise que ne lui font de mal ses petites malices contre les Jésuites.

« Etant Catholique, dit Luther, j'ai passé ma vie en austérités , en veilles , en jeûnes, en oraisons, avec pauvreté, chasteté et obéissance..... » (*Opera*, t. 5, *ad Galat.*). Une fois séparé de l'Église , ce n'est plus de même : « Je brûle de mille feux dans une chair indomptée : je me sens poussé vers les femmes avec une rage qui va presqu'à la folie. Moi qui devrais être fervent en esprit , je ne le suis qu'en impureté. » (*Entr. de Table*). — « Fort de mon savoir, il n'est ni empereur, ni roi, ni diable, à qui je voulusse céder : non, pas même à l'univers entier. » (*Respons. ad Reg. Angl.*).

« J'ai trois mauvais chiens, l'ingratitude, l'orgueil, et l'envie ; ce qu'ils mor-

« dent est bien mordu. Quand je veux travailler, écrit-il à un ami, ma tête est
« comme remplie de tintemens et de tonnerres. Le jour où tes lettres m'arri-
« vèrent de Nuremberg, *j'eus une visite de Satan*. On peut éteindre les tenta-
« tions de la chair, mais qu'il est difficile de lutter contre la tentation du blas-
« phème et du désespoir! Dieu nous garde de ces grandes tentations qui
« touchent l'éternité! Alors on ne sait point si Dieu est le diable, ou si le diable
« est Dieu.» Quelquefois ces remords vont presque jusqu'au repentir, et Luther
découragé s'écrie : « Si j'avais su au commencement que les hommes' fussent si
« ennemis de la parole de Dieu, je me serais tenu tranquille. Quand le diable
« me trouve oisif, dit-il, et que je ne pense point à la parole de Dieu, alors il me
« fait venir un scrupule, comme si je n'avais pas bien enseigné, comme si c'é-
« tait moi qui eusse renversé et détruit les autorités, et causé, par ma doctrine,
« tant de scandales et de troubles. »

« On dirait quelquefois qu'au milieu de ces sentimens de famille qui font oublier les vaines fumées de l'orgueil, une bonne pensée va naître. En voyant son
petit enfant, il dit un jour : « *Les enfans sont les plus heureux*. Nous autres
« *vieux fous*, nous nous tourmentons par nos éternelles disputes sur la parole.
« Est-ce vrai? est-ce possible? Comment est-ce possible? nous demandons-nous
« sans cesse. Les enfans, dans la pureté et la simplicité de leur foi, ont la certi-
« tude et ne doutent en rien de ce qui fait leur salut. » Un autre jour, il disait
en voyant un petit oiseau perché sur un arbre et s'y posant pour passer la nuit :
« Ce petit oiseau a choisi son abri et va dormir bien paisiblement; il ne s'in-
« quiète pas, il ne songe point au gîte du lendemain, il se tient bien tranquille.
«Toutes ces paroles, dans les derniers momens de *sa fille Magdalena, qui*
meurt à quatorze ans, parée de grâce et de beauté, et *qu'il couche lui-même dans*
le cercueil, sont pleines d'onction et de mélodie. *Le malheur* a amolli cette âme
rude et fière... Tous les ressorts de ce caractère indomptable sont détendus; il
semble incliner au catholicisme, *comme au port* où il doit se reposer de cette vie
qui se compose de naufrages. Il a des visions où sa pensée devient toute catholique. « J'ai vu naguère, écrit-il, de gros nuages tout chargés qui flottaient sur
« ma tête comme un océan. Je n'apercevais nul appui qui les pût soutenir.
« Néanmoins, ils ne tombaient pas, mais nous saluaient tristement et passaient.
« Et comme ils passaient, je distinguai dessous la courbe qui les avait soutenus,
« un délicieux arc-en-ciel. Mince, il était sans doute bien délicat, et l'on de-
« vait trembler pour lui en voyant la masse des nuages. Cependant, cette ligne
« aérienne suffisait pour porter cette charge et nous protéger. Nous en voyons
« qui craignent le poids du nuage et ne se fient pas au léger soutien. Notre
« arc-en-ciel est faible, leurs nuages sont hauts. Mais la fin jugera la force de
« l'arc. »

La *furibonderie* de Luther le poursuit jusque dans l'acte de sagesse par excellence, son Testament : « Je suis connu, dit-il, dans le Ciel, sur la terre et

« dans l'Enfer... J'ai affronté les proscriptions du Pape, de l'Empereur, des
« Rois, des Princes et des Prêtres, et bien plus, la *haine de tous les Diables.*
Pourquoi donc, dans ce testament, ne suffirait-il pas du témoignage de ma
main, et que l'on pût dire : *écrit par Martin Luther, Notaire de Dieu, et Témoin de
son Évangile.* » — «Ses dernières années surtout furent remplies de trouble et de
lassitude : en contemplant ces haines et ces guerres excitées par sa parole, les
nations européennes précipitées les unes sur les autres, en écoutant les *cris de
malédiction vomis contre lui par la foule de ses ennemis, il se prenait à douter de
la vérité de sa mission,* à gémir avec larmes et *désespoir* sur *cette vieillesse si tour-
mentée,* dont les derniers jours ne pouvaient s'épuiser en paix. Peu de temps
avant sa mort, il disait à Mélanchton:... « Je tiens que depuis cent ans il n'y a
« pas eu un homme que le monde haït plus que moi. Je suis aussi en-
« nemi du monde; je ne sais rien *in totá vitá,* à quoi j'aie plaisir; je suis tout-
« à-fait fatigué de vivre. Que notre Seigneur vienne donc vite et m'emmène !
« Qu'il vienne surtout avec *son Jugement Dernier,* je tendrai le cou; *qu'il lance
« le tonnerre, et que je repose!* » Il acheva cette longue et guerroyante existence par une de ces bouffonneries qui lui étaient familières : « Si je retourne
à Wittemberg, je me mettrai dans la bière, et je donnerai à manger aux vers
un docteur bien gras. » Deux jours après il mourut à Eisleben....»

Calvin, enfant dégénéré de Luther, vécut et mourut, s'il est possible, plus
misérable encore. Voici quelques traits, entre bien d'autres, de cette misère re-
produits, de nos jours, par M. Lamennais et M. de Châteaubriand : « On montre
encore aujourd'hui, à Noyon, des registres et archives, où on lit que Jean Calvin,
convaincu du crime de S......, fut marqué sur le dos, par grâce singulière de
l'évêque et des magistrats (car le bûcher était la peine ordinaire de ce crime),
et qu'après il s'échappa de la ville. D'honnêtes membres de sa famille, qui vi-
vent encore aujourd'hui, n'ont pu obtenir jusqu'à ce jour que l'on fît effacer de
ces registres publics le souvenir de ce fait, qui imprime *une certaine tache* (ce
sont les expressions de l'anglais Stapleton sur toute cette famille). Bolsec, ancien disciple de Calvin, dont il avait d'abord embrassé la doctrine, et depuis
médecin à Lyon, raconte le même fait, et avec des preuves nouvelles, dans la
Vie du réformateur, ouvrage, dit-il, « *où il peut s'être glissé des fautes, mais
où sa conscience* (et il en prend Dieu à témoin), *ne lui reprochera jamais d'avoir
voulu en imposer.* Calvin, pourvu d'une cure et d'une chapelle, fut surpris et
convaincu du péché de S......, pour lequel il fut en danger de mort par le feu,
comme est la commune peine de tel péché; mais l'évêque de ladite ville,
par compassion, fit modérer ladite peine en une *marque de fleur-de-lys chaude
sur l'épaule.* »

D'ailleurs, «Calvin, dit M. de Barante, qui l'étudia à Genève même, où il était
Préfet, était d'une constitution faible, et avait été tourmenté toute sa vie par diverses maladies. Il fut sujet aussi à de fréquents accès de goutte, et quelque

temps avant sa mort, *des douleurs atroces de gravelle s'étaient jointes à tant de maux.*»
Un témoin oculaire, disciple de Calvin, le fait mourir autrement : «*Calvinus in des-
peratione finiens vitam obiit turpissimo et fœdissimo morbo, quem Deus rebellibus et
maledictis comminatus est, priùs excruciatus et consumptus. Quod ego verissimè attes-
tari audeo, qui funestum et tragicum illius exitum et exitium his meis oculis præsens
aspexi.*» Conrad. Schel. in Theol. Calv., lib. 11. Quelques historiens, et peut-être
sont-ils les plus vrais, accompagnent d'une sorte de conversion et de retour au
catholicisme, les douleurs inouies du *Voltaire de la Réforme*. «M. le doyen me dit
qu'un vieux doyen familier de Calvin lui avait autrefois raconté la façon que vécut Jean Calvin, et qu'il l'avait su par un nommé Petit-Jean, qui était valet de
Calvin, et qui l'assista jusqu'au dernier soupir, lequel, après la mort de son maître, quitta Genève et revint demeurer à Noyon. Il raconta à ce chanoine que
Calvin étant au lit de sa mort, faisait de grands regrets, et que souvent il l'entendait jeter de grands cris et se lamenter, et qu'un jour il l'appela et lui dit :
Va en mon étude, et prends en tel endroit des heures de Notre-Dame à
l'usage de Noyon : ce qu'il fit, et lui apporta ; et dit que Calvin fut longtemps à
prier Dieu en ces heures ; et dit que ceux de Genève ne voulaient point permettre que beaucoup de gens vinssent le voir en sa maladie ; et dit qu'il était travaillé de plusieurs maux, comme d'apostèmes, grattelle, hémorrhoïdes, pierre,
gravelle, goutte, fièvres phthisiques, courte-haleine, fluxion érodente, crache-
ment de sang; et qu'il fut frappé de Dieu comme ceux desquels parle le prophète: *Tetigit eos in posteriora, opprobrium sempiternum dedit eis.*» (*Remarques
sur la Vie de Jean Calvin*, tirées des Registres de Noyon, 1621.)

Digne fin de l'homme dont M. de Barante ajoute : «Aucun citoyen n'était
exempt des affronts de sa Commission *Consistoriale*, qui perpétuait sur des registres ses moindres réprimandes, et qui déférait au bras séculier les incorrigi-
bles, et ceux qui professaient de nouveaux dogmes. Ainsi Gruet eut la tête
tranchée pour avoir écrit des lettres impies et des vers libres; ainsi Servet,
passant à Genève, fut brûlé vif en 1553 pour avoir attaqué le mystère de la Tri-
nité, dans un livre qui n'avait été ni composé, ni publié à Genève ; ainsi Gen-
tilis, condamné à mort pour *hérésie volontaire*, etc. C'est ainsi qu'il donna à ses
sectateurs des mœurs austères, et qu'il prescrivit des bornes à l'esprit d'examen.»
C'était véritablement toute l'*Inquisition*, ou plutôt c'en était la caricature.
C'était encore, il faut le dire, la *Papauté*, sans sa sagesse, sans sa bonté, c'est-
à-dire, de toutes les tyrannies, la plus grande et la plus odieuse.

Il fallait bien qu'il fût l'adversaire de la Papauté.

Les derniers Châtimens Providentiels, ou, si vous l'aimez mieux, les Aver-
tissemens, n'ont pas manqué au Clergé : «Toute la Révolution Française (*), de fer

____

(*) Les nombreuses *Biographies* et *Histoires du Clergé de France pendant la Révo-*

et de feu, avait pour mission de le guérir, de l'épurer », dit le Comte de
Maistre lui-même. — Il pécha de nouveau. — La Révolution de Juillet, elle-

---

lution, de Barruel, de Proyart, de l'abbé Carron, de Feller, les célèbres et riches
Mémoires de l'abbé d'Auribeau, *pour servir à l'Histoire de la Persécution*, les *Martyrs
de la Foi*, de l'abbé Guillon, ne sont pas autre chose que des témoignages authentiques des
épreuves, et, il faut le dire, des spoliations, des exils, des emprisonnemens, des expia-
tions volontaires de l'Église dégénérée de France. — Le plus illustre Archevêque, celui
d'Arles ; les plus remarquables Évêques, les deux frères de la Rochefoucault; — l'abbé de Lu-
bersac, Aumônier des Mesdames, auquel on attribua le *Parallèle des Souffrances de
Jésus-Christ avec celles de Louis XVI*; — le P. Richard, Dominicain, auteur du
Parallèle des Juifs qui ont crucifié Jésus-Christ, avec les Français qui ont tué leur Roi;
— Les quatre plus célèbres Jésuites de l'époque : Guérin du Rocher, Bonnaud, Charton
de Millou, et Lanfant; — l'abbé François, Supérieur de Saint-Firmin ; — Hébert, Supérieur des Eudistes ; — Chevreux, Général des Bénédictins; — Huit Directeurs de Saint-
Sulpice ; — l'abbé de Fénelon lui-même, malgré ses 80 années de vertu ; — le deux frères de Hercé, nobles Évêques de Bretagne, — l'abbé Pacquot, Curé de Reims, Doyen
du Clergé de la Chrétienté; — le Curé de Saint-Jean-en-Grève, et de l'Hôtel-de-Ville,
surnommé l'*Ami de Dieu et des hommes*, furent, entre 20,000 autres, les victimes
choisies de la Révolution,... aussi bien que le Jésuite Cérutti et le Lazariste *Lamourette*.

On a remarqué que les plus éclairés, les plus courageux, les plus sages même de la Constituante, ne furent que des plus malheureux. Le vertueux Évêque de Nevers, M. de Segui-
ran ; l'éloquent Évêque de Seez, M. de Beauvais ; l'habile théologien, M. de Pressy,
Évêque de Boulogne ; M. de Nicolaï, Évêque de Cahors, ne furent pas les seuls du haut
Clergé de la Constituante, frappés de morts comme subites, aussi bien que le malheureux
Pompignan, Archevêque de Vienne,... dans l'année même de son ouverture. Le savant As-
seline, le dernier Évêque nommé par Louis XV, et son Confesseur, ne put pas même prendre possession de son siége, refusa constamment de s'en démettre, malgré le *Concordat* et
l'ordre de Pie VII, et mourut à Londres, précisément à la veille de la Restauration, qui
l'eût nommé Archevêque de Paris.

Bergier, le volumineux *Apologiste*, voire même Encyclopédiste, mourut en 1790.

Il est remarquable enfin que tous les Jésuites célèbres au moment de la Révolution ne
lui survécurent presque pas. — Grou, le plus savant des grecs, Brottier, le plus savant des
latinistes, moururent la même année, 1789 ; — l'abbé de Marolles fut brûlé dans son lit en
1792; — Nonotte mourut en 1793 ; — le P. Guinard, qui venait de recueillir toutes les
gloires de l'Académie, vit brûler, avant de mourir, son *Apologie de la Religion*, dont on
attendait merveille ;—et l'abbé Para du Phanjas, l'auteur immortel de la *Théorie des Êtres
Insensibles*, de la *Théorie des Êtres Sensibles*, et de la *Philosophie de la Religion*, est
mort dupe un moment de Gobel, l'infâme intrus de Paris!!!

même, et surtout, eut la mission de châtier sa rechute. Car il y avait rechute sous
la restauration, et cette rechute se prolonge, et par là même s'empire. — On a vu
le malheureux abbé de la Meunais, *prétendre*, sans motif, sans prétexte même
aucun, à l'importance, à la célébrité de Chef d'Ecole Philosophique, à l'Épiscopat,
à la Pairie, et même à la Pourpre (son *Mémorial* est encore là pour le prouver).
Et tout le Clergé de France, tout celui de Belgique, et même un peu tout celui
de Rome, ont été punis dans la grande chute de l'homme qu'ils avaient, seuls,
on peut le dire, élevé, et qui, Prêtre de Juillet, finit lui-même *triste*, bien autrement que ses *laïques*, Benjamin Constant, la Fayette, Laffitte, Carrel ; triste,
et attristant, derrière la *Madelaine*, dans un numéro *Treize*, comme Rotschild à
côté (entre une voix de *Philosophie* illisible) et une *Voix de Prison* inécoutée.

Le *Clergé* de ville, jadis élevé par le Cardinal de Périgord, et même soutenu
par Monseigneur de Quélen, se voit amoindri par le simple abbé Affre, le canoniste des *Paroisses* ; — celui de Cour, par l'abbé Guillon, auteur des *Trois
Fabulistes*, et d'une *Promenade aux Tuileries*, *Evêque* impossible *de Beauvais*,
et malheureux de *Maroc* ; et d'Aumônier de la Cour des Tuileries, devenu
desservant des Tombes de Dreux...

Cependant, l'Ordre des Jésuites, représentant tous les autres, est banni de
rechef, *in petto*, par une Loi ; et de rechef, et, plus que jamais haï, et même ca-
lomnié par un Projet de Loi, plus terrible par son ajournement d'une année,
que par son vote, par acclamation, en une heure.

Ne dirait-on pas même que Dieu, qui se mêle de la Mort, s'il se mêle de
quelque chose, ait rappelé à lui plutôt, et comme incapables de concourir
désormais, sans leur mort, au salut de l'Église Romaine :—avant tous les autres,
le second et le dernier *Ministre des Affaires* ecclésiastiques (c'est-à-dire
de la Politique de l'Église, qui n'a rien à faire avec la politique)... Feutrier, qui,
sorti des *Affaires* avec le titre de *Comte* et de *Pair* au mois d'*Août* 1829,... fut
trouvé mort dans son lit avant l'an et jour !!!......

L'Archevêque de Paris, dans la force de l'âge, mourut, à son tour, l'année et
presque le jour fixe, annoncé par la célèbre Religieuse de Bellay ; — et presqu'aussitôt, dans la force de la santé, Borderies, poète latin et savant professeur
de Ste-Barbe, son cher Vicaire-Général, devenu Evêque de *Versailles*, devenu
Paris. — Et *avant* eux, et pour cause encore, les Archevêques de la Cour ancienne:— le Cardinal de Rohan ; — Mgr de Villèle, Archevêque de Bourges ; —
Mgr Gallard, Archevêque de Reims ; — Mgr Tharin, Précepteur incapable du
duc de Bordeaux ; — Mgr de Forbin-Janson, plus éloigné que jamais de son
siége de Nancy ; — le Cardinal de Cheverus lui-même, représentant du Clergé
nouveau.

Nous avons dit le dernier Cardinal de *Rohan*. C'est lui qui constitue aussi
l'exemple le plus éclatant des doubles vues, de l'*arme à deux tranchans* de la
Providence, sur, pour et contre le Clergé et l'Église, les gouvernemens et le
monde. — Il appartenait à cette Famille antique, aux armes orgueilleuses :

Duc , je ne daigne ,	Prince de Bretaigne
Roi, je ne puis ,	De Rohan je suis.

Cette Famille aussi s'était depuis longtemps divisée en Branche Catholique et protestante. — Et, à en juger par l'avant-dernier des Cardinaux (celui du *Collier*... révoltant), la branche aînée ne fit guère moins de mal que la cadette. Ce qui fut peut-être l'une des causes de la si pauvre entrée de son petit-neveu dans le monde, et enfin de sa si belle dans l'Église.—Par un privilége, au milieu de tant de priviléges, le jeune Duc de Rohan , Prince de Léon , était Montmorency par sa mère.—Il commença par entrer, comme... chambellan, d'abord à la cour de... Murat , et puis à celle de Bonaparte. Cependant , il était dès-lors d'une foi, d'une piété , et même d'un courage angéliques , allant tour à tour consoler les Polignac à Vincennes , et Pie VII à Fontainebleau. La Restauration vint le faire ou plutôt le constater *Colonel-Rouge*. Il préféra la tant belle et tant vertueuse Mlle de Sérent à une Princesse de Saxe que voulait lui faire épouser Louis XVIII. Et, comme tout Paris et toute la France se le rappellent, cette jeune Duchesse fut *consumée* en un clin-d'œil à une Fête de l'Ambassade d'Autriche. Dieu, peut-être, voulut flétrir les *Bals*, comme, quelques années après, il flétrit le Théâtre par le *feu* et le *fer*, les élémens même qui leur sont analogues...

On dirait que le jeune Prince de Léon le sentit, et voulut l'expier encore après la Princesse , en offrant à l'Église toutes les Grandeurs qu'il avait en lui. C'est après l'assassinat du duc de Berry, et dans le mois de *Mai* qu'il entra au Séminaire de Saint-Sulpice. Nous avions eu le bonheur de l'embrasser le 28 Mai , la veille ; et bientôt , et trop tôt, voilà le jeune Duc et Pair, Archevêque d'Auch , puis de Besançon , et enfin Cardinal. Ce fut, par un signe néfaste, les *premiers jours* de ce Juillet, qui allait faire tomber la Royauté, et quasi l'Église de France, en ses jours derniers !

Au lieu d'offrir , cette fois , que c'était plus le devoir que jamais , *son Ame à Dieu*, ses biens, et *son corps*, au besoin, *aux méchans*, il sembla vouloir les offrir avec son *cœur* au Roi malheureux, exclusivement. Il se sauva en Suisse, et puis en Italie. — Et, par un malheur plus fatal, lorsqu'il voulut revenir au milieu de son troupeau exposé aux loups du temps , il sembla choisir précisément l'époque de l'entrée de la Duchesse de Berri dans la Vendée ! Son arrivée à Besançon, signalée par une orgie et presqu'un attentat contre lui, et de trois jours, a été pour son âme et son intelligence, presqu'aussi grande ou élevée que sa noblesse, la cause presqu'immédiate d'un renouvellement d'apostolats et de sacrifices plus sublimes que tous les précédens.—C'est alors qu'il fit un testament plein de legs immenses à l'Église de Besançon, pour laquelle il avait vendu jusqu'à la *Roche-Guyon*, la terre personnelle de sa famille. — Et puis, c'est en venant d'évangéliser des campagnes , épuisé , haletant de fatigue, qu'il revint faire d'un lit de douleurs une Chaire chrétienne , où sa voix, toujours éloquente, fit couler les

larmes de tout ce qu'il y avait de grand dans son diocèse, sans excepter ses ennemis ; et qu'il mourut, si jeune, après tant d'expériences, d'adversités, et d'ex-
piations bienfaisantes, laissant une grande et triple leçon à la noblesse, à la
royauté, et même et surtout peut-être à l'épiscopat ; je ne dirai pas à l'Eglise,
mais à la.... Cour de Rome.

Tout cela donné, il ne resterait plus, après les dédains du Ministre des Affaires
Étrangères de 1844, pour *flétrir* et châtier le Clergé de France tout entier,
qu'un *Ban* à la Chambre des Pairs : .... *Timeo Danaos,... et Dona ferentes.*
C'est assez, pour les *Courtisans* du Souverain Temporel et héraldique de Rome,
et Nos Seigneurs Bouvier, Fayet, entr'autres, d'être nommés *Comtes*... Romains.

Le mal du Clergé est profond ;... le bien qu'il peut faire, grâce à sa nature
omnipotente, grâce au Dieu dont seul il relève, et qui lui a mis sa puissance *ad
libitum*,... est bien autrement facile encore. Il se réduirait à l'accomplissement
immédiat de deux grands Devoirs :—Le premier, que nous avons employé toute
une partie du *Manifeste* à démontrer, l'Esprit de Paix, exclusif du *Journalisme.*
— Le second, la Vertu,.... et surtout celle qui va le mieux au Prêtre, et sans
laquelle il ne se conçoit pas, l'oubli absolu de son Temporel, l'indifférence pour
ses amis, les égards et même l'amour incessant de ses ennemis...
Son premier devoir est de désavouer, d'abord, les Journaux qui paraissent le
défendre, et même lui appartenir ; et puis de faire une *Déclaration du Clergé*,
qui ajoute, à celle de 1682, le désaveu formel : 1º de tous les journaux précisément et piteusement insurrectionnels, sous les noms de *Quotidienne* et de
France, de *Gazette*, et d'*Univers :* ce qui aboutirait à l'*Index*, et bientôt à la
chute de ces journaux-là ; 2º des *Levées de boucliers O'Connellistes*, et des *Ma-
nifestes* néo-catholiques et *Ultrà-montans* de M. de Montalembert.
Le Sauveur a vécu toute sa vie, ses trente-trois années, et il s'est défini dans
les *trois* de son Apostolat : une *Mèche qui fume encore*, — un *Roseau agité par le
vent.* Il s'est personnifié dans de pauvres Pêcheurs, *timides* jusqu'au désaveu de
leur Maître. Au train d'*O'Connel* et de *Montalembert*, le *Roseau agité* serait le roseau *Agitateur ;* — le Sauveur aurait dû se nommer un *Ouragan*, un *Feu !* et se
personnifier en *Alexandre* ou *César*, en *Mahomet* ou *Bonaparte !*
Que le grand Clergé de France, si supérieur, en tant que Prêtre, à toutes les
Pairies, à toutes les Chambres, à tous les Rois anciens ou nouveaux, continue
de se mettre à la suite du petit, de l'*Agiographe* romantique de *Ste-Elisabeth* et de
St-Bernard, du disciple (celui devenu maître), de Lamennais, et de demander,
à cors et à cris, par lui, et sans lui, la *Liberté comme en Belgique*, et je ne lui répondrais pas d'avoir *après* la Belgique (qui ne perdra rien pour attendre) la
liberté de l'exil, et peut-être celle de l'existence !

Et qu'on ne pense pas , après tout, qu'en jugeant aussi hardiment le Clergé de France, je présume le moins du monde de moi-même!... Si je le crois, en Corps, et philosophiquement, répréhensible, j'ai lieu tous les jours de l'admirer comme individualités. Et je me crois , comme homme, plus coupable , comme philosophe, plus insuffisant , et comme éditeur des plus grandes vérités que j'ai apprises de lui, plus responsable peut-être que lui.

C'était pour remédier à la lacune immense, qui se trouvait déjà au 18ᵉ siècle dans l'instruction des Lévites aux Séminaires, et dans l'instruction publique proprement dité, que le plus illustre des Archevêques du dernier siècle, dont il fut le premier Martyr, publia son immortel *Mémoire sur les Moyens d'arrêter l'Incrédulité en France,* présenté au Clergé assemblé à Paris en 1784: «Nous voyons *la foule des impies s'accroître chaque jour ;* on ne voit presque plus de chrétiens que dans les classes les plus obscures de la société, parmi les habitans des campagnes, et parmi les Ministres du Sanctuaire; *quelques-uns de ces derniers osent même se ranger au nombre de ses ennemis.* Si l'empire de l'erreur était moins vaste, si ses conquêtes étaient plus obscures et moins rapides, je ne conseillerais pas de faire autant d'éclat; nous pourrions parvenir à notre but par des sentiers plus couverts et plus longs. Mais le danger est pressant , *l'incendie gagne de toutes parts ,* il faut y courir et l'éteindre. Dans cette urgente nécessité, convient-il de prendre les chemins les plus longs et les plus tortueux ? *Nous bornerons-nous* à procurer aux autels de plus dignes ministres, et à *corriger les abus révoltans de l'éducation* (quelle force de prévision !) ? Mais tandis que ces lenteurs épuiseront nos ressources, tandis qu'elles tiendront nos esprits suspendus ou nos bras enchaînés, l'incrédulité gagnera peut-être jusqu'au peuple; elle consommera peut-être *le Schisme qu'elle médite ;* elle mettra peut-être ses mains déprédatrices sur nos biens. Messeigneurs , Tremblez pour la Religion, *Tremblez* (c'était ici qu'il ne fallait pas trembler) pour vos propres fortunes. *Évêques, Citoyens, Français, détournez, s'il est possible, les Orages terribles que la Philosophie rassemble sur nos Têtes* (*).

(*) Monseigneur l'Archevêque d'Arles, était , sans le savoir , prophète de sa destinée. Moins de sept ans après, il s'était présenté le premier aux assassins, et était mort, avec un courage héroïque, en élevant au Ciel des mains étreignant un Crucifix, après avoir donné la bénédiction à ses bourreaux, encore mieux, s'il est possible, qu'à ses collègues,... oubliant peut-être qu'il allait lui-même mourir.

On peut considérer trois Hommes comme les représentans des trois Pouvoirs sur lesquels reposent, comme sur trois colonnes, la Société et la Chrétienté : la Papauté, l'Episcopat et la Royauté. C'étaient toutefois les trois personnages les plus vertueux. Ils n'en furent pas moins les trois grands *Boucs-Émissaires,* les trois grands Editeurs Responsables des péchés de leurs peuples et des leurs. On les vit aussi les premiers à la peine : les *Français,* et

« On craint l'éclat ; grand Dieu! quel fruit avons-nous retiré jusqu'ici de notre prudence? On a ménagé les incrédules ; *le Clergé n'a rien fait pour leur opposer des écrivains dignes de les combattre ;* loin d'exciter leur émulation , on a peut-être laissé languir plusieurs de ceux qui ont osé supérieurement lever le bouclier contre nos ennemis. Où sont les pensions (c'étaient des *honneurs* qu'il fallait) qu'on a faites à nos Apologistes? *« Les Prédicateurs de Paris se bornent à quelques sarcasmes qui n'aboutissent à rien , contre les philosophes ; ils réfutent , avec un ton de triomphe,* quelques-unes de leurs opinions bizarres, *que leurs partisans ne croient même pas...*

« Tout se tait, *tout sommeille,* tout dort profondément. Plusieurs années s'écoulent, *et à peine entend-on, dans toutes les Chaires d'un Diocèse, UN SEUL DISCOURS qui prouve directement la Vérité de la Religion.* Contens d'assurer qu'elle est vraie, nos prédicateurs *attestent, sur leur parole,* que les opinions philosophiques sont fausses. Telles sont à peu près les bornes où expire leur zèle. Encore une fois, qu'avons-nous gagné avec cette criminelle et lâche tolérance? Ouvrez les yeux, Messeigneurs, regardez autour de vous, et jugez. Nous craignons des éclats ! Ah! s'il est un temps pour se taire, souvenons-nous qu'il en est un *autre pour parler, et ce temps est venu.* Dans tous les siècles, quand l'Église a voulu arrêter les progrès de l'erreur, *elle a multiplié les écrits et les discours.* En foudroyant dans les Conciles, elle éclairait dans les chaires ; suivons le même plan, et nous parviendrons au même terme. »

L'illustre Archevêque propose en conséquence, comme le premier, de *Huit Moyens, d'arrêter les progrès de l'incrédulité,* et au fond, comme le seul moyen, et comme l'*Unique Espérance* de salut, de véritables *Conférences Ecclésiastiques*

---

l'Archevêque d'Arles, d'abord à la tête de cent quatre-vingts évêques et prêtres s'immolant à son exemple. — Louis XVI, l'année suivante. — Et, comme Pie VI n'eût pu facilement être remplacé dans les malheurs d'alors, et qu'il allait aux vues de Dieu de le faire *Pélerin Apostolique,* il fut ajourné juste à la fin de la Révolution et du Siècle, et mis à mort par l'exil et la douleur, dans la France même pour laquelle il avait été trop complaisant peut-être, et presqu'aux lieux où ses prédécesseurs du treizième siècle avaient encouru 70 an d'une seconde et terrible *Captivité de Babylone.*

Il est remarquable, et évidemment providentiel, au même point de vue, que ces trois grandes Puissances, ces trois plus royales Victimes de première majesté temporelle, avaient été Sacrées, c'est-à-dire *Offertes* à Dieu, à l'Eglise, et à la France, toutes les trois, la même année, deux *Septennalités,* ou, si l'on veut, trois *Lustres,* trois *Quinquennalités* auparavant : 1775. *Quindecim annos grande mortalis ævi mortalis.* — (Voyez le *Voile enfin Levé sur le Système Universel du Monde ,* par la seule Théorie simplifiée des Nombres 1-2-3-4-5-6-7-10-13-666, mise enfin à la portée des Savans , et même des gens du monde, un vol. in-8. ordinaire, renfermant l'équivalent de 8.)

dans tous les Diocèses. Il faut lire tout entier son beau *Mémoire* dans ses écrits, dont il est le chef-d'œuvre. Nous n'en citerons qu'une idée et un avis, que nous avons vu partager par de sages Évèques et par d'éloquens Orateurs : « Choisissez un écrivain distingué par ses talens, *un homme supérieur*, pour comparer entre elles toutes les conférences imprimées dans les divers Diocèses, et rassembler tous les traits de lumière dispersés, et en faire UN TOUT. »

..... Le dirai-je? le *Mal* est bien autrement grand en 1844 qu'il n'était en 1784. — Le dirai-je encore? le *Remède*, le TOUT en question existe.

C'est après cela seulement, après ce grand remède au grand mal, que peut être utile le petit, proposé par le grand Bourdoise : « J'approuve extrême ment ce qu'un saint personnage, pénitencier de N.-D.-de-Lorette, disait autrefois : A savoir qu'il ne voyait qu'un remède pour rétablir l'Église, qui était de *rétablir les Paroisses*, et que, pour le faire efficacement, s'il avait un bon conseil à donner au Pape, ce serait de tirer de tous les Monastères les plus saints et les plus savans Religieux, pour en faire les Prêtres de Paroisse. Si on savait ce que c'est qu'être Prêtre de Paroisse, l'honneur, nécessité, utilité, et ses emplois, on renoncerait à tout pour embrasser cette qualité. »

Et que nul, après tout, ne pense que nous ayons, sur ces grands points, changé de sentiment! Nous écrivions, il y a déjà longtems, ceci, dans un Livre qui ne manque point de vérités et de prévisions déjà réalisées : «A la tête du Pouvoir Spirituel est l'Épiscopat. C'est à lui, exclusivement, qu'appartient la Puissance unique du jour, ou le Journalisme, qu'il pourrait, s'il savait, s'il voulait, modifier, suspendre, arrêter d'un mot, comme Dieu un jour les flots : *Usque hùc venies*. Il l'a déjà tenté cette année, mais par une première *levée de boucliers*, mais en se faisant *journaliste* contre l'Université. Au lieu d'un remède au mal, c'était un redoublement du mal. Et le *Bien*, si on peut le dire, se plaçait, sans le savoir, dans le *Mal*, pour le colorer. L'Université est une innocence auprès du journalisme *religieux*... Si on accordait un jour à la partie imprudente du Clergé de France cette *innocence*, il la paierait... d'un Schisme peut-être contre lui.

« Si j'étais *Gouvernement*, je dirais à l'Évêque, assez simple pour me demander officiellement, ou personnellement, ce qu'il appelle la *Liberté de l'Enseignement* : «Vous avez, de droit, un moyen plus simple et plus honorable, auquel rien « ne résiste, de réformer l'Université, c'est de la *convaincre*, de la convertir. Fai- « tes *vôtres* les professeurs des colléges! »

« Toutes choses égales ou libres pour tous, et dans une concurrence politique quelconque, le Prêtre n'a trouvé que la mort.

« Est-ce là ce qu'on demande pour lui? »